Seth Warner

Principes fondamentaux de la concurrence en Python

Guide pratique du multithreading, du multiprocessing et de la programmation parallèle

Première édition publiée en 2026.

TABLE DES MATIÈRES

Chapitre 1

Premiers pas : Configurer votre environnement Python pour la programmation parallèle

Pourquoi la programmation parallèle est importante en Python

Python est l'un des langages de programmation les plus populaires aujourd'hui, utilisé dans le développement web, la science des données, l'automatisation, l'apprentissage automatique, et bien plus encore. Mais à mesure que vos programmes gagnent en complexité (traitement de grands ensembles de données, gestion de plusieurs utilisateurs ou exécution de calculs lourds), vous atteindrez un plafond de verre :**vitesse**.

Un programme Python classique s'exécute*séquentiellement*— une tâche à la fois. Imaginez télécharger 100 images depuis Internet. Sans programmation parallèle, votre script attend la fin du téléchargement de chaque image avant de passer à la suivante. C'est très lent.

Programmation parallèlevous permet d'exécuter plusieurs tâches*en même temps*, en utilisant plusieurs cœurs de processeur ou en gérant efficacement les périodes d'attente (comme les délais réseau).

Impact concret

Tâche	Temps séquentiel	Temps parallèle	Accélération
Téléchargement de 100 fichiers	100 secondes	~10 à 15 secondes	7–10 x
Traitement de 1 million d'entrées de journal	8 minutes	~1 minute	8x
Entraînement d'un modèle d'apprentissage automatique	2 heures	~20 minutes	6x

Dans les systèmes de production :

- Les serveurs Web gèrent des milliers d'utilisateurs**simultanément**.
- Les pipelines de données traitent des téraoctets**en parallèle**.
- Les simulations scientifiques s'exécutent sur des supercalculateurs utilisant**des milliers de noyaux**.

Python vous offre deux outils puissants pour cela :

- **Multithreading**– Idéal pour les tâches gourmandes en E/S (attente de fichiers, réseaux, bases de données).
- **Multitraitement**– Un véritable parallélisme pour les tâches gourmandes en ressources CPU (mathématiques, traitement d'images).

Ce livre enseigne les deux. Mais d'abord, il vous faut un environnement approprié.

Installation de Python 3.x et des environnements virtuels

Vous avez besoin**Python 3.8 ou supérieur**(3.12 recommandé).

Windows

1. Allez à python.org
2. Télécharger **Python 3.12.x**installateur
3. Exécutez-le →**Cochez la case « Ajouter Python au PATH »**
4. Cliquez sur « Installer maintenant »

Vérifier:

frapper
```
python --version
```

Devrait afficher : Python 3.12.x

macOS

Utilisez Homebrew (recommandé) :

frapper

```
brasserinstaller python@3.12
```

Ou téléchargez depuis python.org

Vérifier:

frapper

```
Python 3 --version
```

Linux (Ubuntu/Debian)

frapper

```
sudomise à jour apt
sudoapt installer python3 python3-venv python3-pip -et
```

Vérifier:

frapper

```
Python 3 --version
```

Pourquoi les environnements virtuels ?

UN **environnement virtuel**Il s'agit d'une configuration Python isolée. Elle empêche les conflits entre les projets.

Exemple : Le projet A a besoin de 2,28 requêtes, le projet B a besoin de 2,31 requêtes. Sans isolation → chaos.

Créer un environnement virtuel

frapper

```
# Créez un dossier pour votre projet
mkdirlivre parallèle Python
CDlivre parallèle Python

# Créer un environnement virtuel appelé 'venv'
python-mvenv venv
```

Activez-le

Windows :

frapper

```
venv\Scripts\activate
```

macOS / Linux :

frapper

```
sourcevenv/bin/activate
```

Vous verrez (venv) dans votre terminal.

Installez les paquets en toute sécurité

frapper

```
pépininstaller les requêtes numpy
```

Ce sont des*seulement*dans l'environnement virtuel, pas globalement.

Désactiver une fois terminé

frapper

```
désactiver
```

Conseil: Activez toujours votre environnement virtuel avant de coder.

Choisir et configurer un IDE : PyCharm (recommandé)

Un **IDE (Environnement de développement intégré)**vous aide à écrire, exécuter et déboguer du code plus rapidement.

Nous recommandons**Communauté PyCharm** (gratuit).

Télécharger et installer

1. Allez à jetbrains.com/pycharm
2. Télécharger **Édition communautaire**
3. Installez-le

Ouvrez votre projet

1. Ouvrir PyCharm
2. Cliquez**"Ouvrir"**
3. Sélectionnez votre dossier python-parallel-book

Configurer l'interpréteur

1. Allez à**Fichier → Paramètres**(Windows/Linux) ou**PyCharm → Préférences**(macOS)
2. →**Projet → Interpréteur Python**
3. Cliquez sur l'icône d'engrenage →**Ajouter**
4. Sélectionner **Environnement existant**

5. Chemin d'accès : votre-dossier-de-projet/venv/Scripts/python.exe (Windows) ou venv/bin/python (macOS/Linux)

PyCharm utilise désormais votre environnement isolé.

Créez votre premier fichier

1. Clic droit sur le projet →**Nouveau** → **Fichier Python**
2. Nom : setup_test.py

Petit rappel rapide sur Python : fonctions, classes, modules, décorateurs

Vous n’avez pas besoin d’être un expert, mais vous devez être à l’aise avec ces notions.

Fonctions

python
```
def saluer(nom):
  retourf"Bonjour, {nom}!"

imprimer(saluer("Alice"))# Sortie : Bonjour, Alice !
```

- Blocs de code réutilisables
- Accepter les entrées (paramètres)
- Sorties de retour

Classes (Bases de la POO)

python
```
classeCalculatrice:
def ajouter(soi, un, b):
    retour un +b

calcul=Calculatrice()
imprimer(calc.add(5, 3))# 8
```

- Plan des objets
- self fait référence à l'instance
- Les méthodes sont des fonctions à l'intérieur des classes

Modules

Enregistrez ce fichier sous le nom math_utils.py :

python
```
def carré(x):
  retourx*x
```

Utiliser dans un autre fichier :

python
```
importerutilitaires mathématiques

imprimer(math_utils.square(4))# 16
```

Ou:

python
```
depuisutilitaires mathématiquesimporter carré
imprimer(carré(5))# 25
```

Décorateurs

Un décorateur*wraps*une fonction pour ajouter un comportement.

python
```
defminuterie(fonction):
   importer temps
defemballage(*arguments, **arguments kwargs):
      commencer =temps.temps()
      résultat =fonction(*arguments,**(kwargs)
      fin =temps.temps()
      imprimer(f"{fonction.__nom__} a pris
{fin-commencer:.4f}secondes")
      retour résultat
   retouremballage

@minuteur
deffonction lente():
   importer temps
temps.sommeil(1)
   retour "Fait"

fonction_lente()
# Résultat : slow_function a pris 1,0021 seconde
#        Fait
```

Vous utiliserez des décorateurs plus tard pour mesurer le temps d'exécution du code parallèle.

Exercice pratique : Créez votre premier script simple pour tester la configuration.

Vérifions que tout fonctionne.

Étape 1 : Créer test_setup.py

python
```
# test_setup.py
importer temps
importersystème
depuisutilitaires mathématiquesimporter carré  # Nous allons
créer ceci ensuite

defvérifier_version_python():
   imprimer(f"Version Python :{sys.version.split()[0]}")

defdécorateur de minuteur de test():
defminuterie(fonction):
defemballage(*arguments, **arguments kwargs):
         commencer =temps.temps()
         résultat =fonction(*arguments,**(kwargs)
         fin =temps.temps()
         imprimer(f"{fonction.__nom__}exécuté
dans{fin-commencer:.4f}s")
         retour résultat
      retouremballage

@timer
deftâche_exemple():
temps.sommeil(0,5)
      retour« Tâche accomplie ! »

   retourtâche_échantillonnée()

def principal():
   imprimer("=== Test d'environnement ===")
vérifier_version_python()
   imprimer(f"Carré de 6 :{carré(6)}")
   imprimer(décorateur_de_temps_de_test())
   imprimer(« Configuration réussie ! Prêt pour la
programmation parallèle. »)

si __nom__ == "__principal__":
   principal()
```

Étape 2 : Créer math_utils.py

Dans le même dossier :

python
```
# math_utils.py
def carré(x):
   retourx*x

defcube(x):
   retourx*x*x
```

Étape 3 : Exécuter

Dans PyCharm :

- Clic droit sur test_setup.py →**Courir**

Ou dans le terminal (avec venv activé) :

frapper
```
pythontest_setup.py
```

Résultat attendu :

texte
```
=== Test d'environnement ===
Version de Python : 3.12.x
Carré de 6 : 36
tâche_échantillon exécutée en 0,5012 s
Tâche accomplie !
Configuration réussie ! Prêt pour la programmation parallèle.
```

Si vous voyez ceci → votre environnement est parfait.

Erreurs courantes à éviter

Erreur	Réparer
Oubli d'activer venv	Exécutez toujours la commande source venv/bin/activate (ou l'équivalent sous Windows).
Installation globale des paquets	Utilisez pip install*à l'intérieur*venv activé
Interpréteur Python incorrect dans l'IDE	Vérifiez que PyCharm utilise bien venv/.../python
Exécution du script en dehors du dossier du projet	Conservez les fichiers .py dans votre projet.
Utiliser Python au lieu de Python 3 sur macOS/Linux	Utilisez Python 3 et pip3

Résumé : Points clés à retenir

1. **Programmation parallèle = vitesse**pour les tâches d'E/S et de processeur.
2. Installer **Python 3.12+** avec **environnements virtuels**pour l'isolement.
3. Utiliser **Communauté PyCharm**pour un codage et un débogage intelligents.
4. Maître **fonctions, classes, modules, décorateurs**—ce sont des éléments de base.
5. Testez votre configuration avec un script fonctionnel avant de continuer.

Vous avez maintenant un**environnement Python de qualité professionnelle**Prêt pour le multithreading et le multiprocessing.

Exercices pratiques

1. **Exercice 1 :**Modifiez le fichier test_setup.py pour y inclure la fonction cube() de math_utils.py (fonction 501). Affichez le cube de 5.
2. **Exercice 2 :**Ajoutez un nouveau décorateur @log qui affiche le nom de la fonction et ses arguments avant son exécution.
3. **Défi:**Rédigez un script qui :
    - Crée un environnement virtuel (à l'aide d'un sous-processus)
    - Demandes d'installation
    - Télécharge une page web (Avancé — astuce : utilisez subprocess.run())

Chapitre suivant : Vous apprendrez la différence entre*concurrence* et *parallélisme*—et pourquoi Python se comporte différemment de C++ ou de Java.

Vous êtes prêt. Allons-y en parallèle.

Chapitre 2

Concurrence vs. Parallélisme : Comprendre les fondements

Définition de la concurrence et du parallélisme

Commençons par une analogie simple.

Le chef dans la cuisine

Imaginez que vous êtes un chef cuisinier préparant un repas qui comporte trois tâches :

1. **Faire bouillir l'eau**(10 minutes)
2. **Hachez les légumes**(5 minutes)
3. **Faire mariner le poulet**(15 minutes)

Séquentiel (Un à la fois)

Vous effectuez une tâche, puis la suivante :

texte

```
0 minute 10 minutes 15 minutes 30 minutes
|----------|----------|----------|
Faire bouillir, hacher, mariner
```

Durée totale : 30 minutes

Exécution simultanée (commutation de tâches)

Vous commencez à faire bouillir de l'eau, puis**pendant qu'il chauffe**, vous hachez et marinez.

texte
0 minute 5 minutes 10 minutes 15 minutes
|----------|----------|----------|
Faire bouillir -----> (eau prête)
Hacher --> Mariner -->

Durée totale : 15 minutes

Vous n'avez accéléré aucune tâche en particulier, mais vous**chevauchement** eux.

C'est **concurrence**.

Parallélisme : Plusieurs chefs

Imaginez maintenant**trois chefs**, chacun effectuant une tâche**en même temps**:

texte
0 minute 15 minutes
|----------|
Boil (Chef 1)
Chop (Chef 2)
Marinade (Chef 3)

Durée totale : 15 minutes— mais maintenant les tâches sont**véritablement simultané**.

C'est **parallélisme**.

Diagramme visuel : Concurrence vs Parallélisme

texte

CONCURRENCE (Processeur unique)

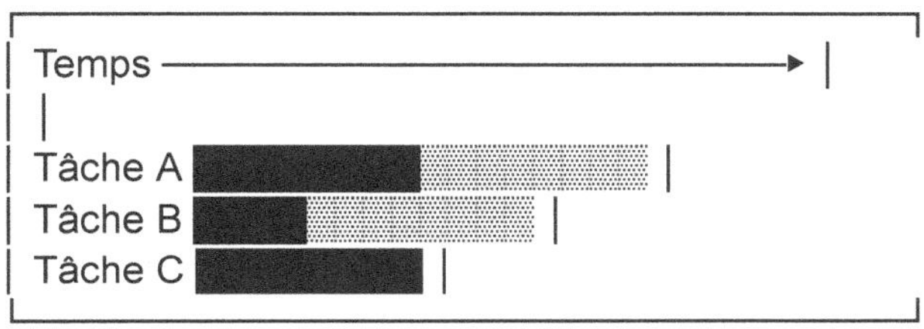

(Alternance entre les tâches)

PARALLÉLISME (Plusieurs processeurs)

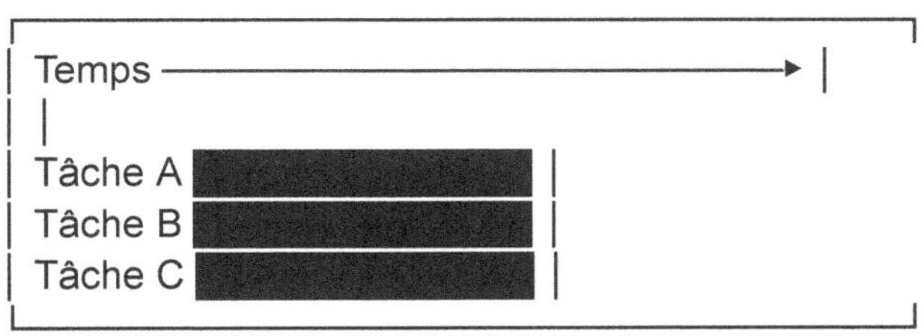

(Fonctionnant simultanément)

Différence clé:

- **Concurrence**=*Changement de tâche*(un seul noyau, plusieurs tâches)
- **Parallélisme**=*Exécution simultanée véritable*(plusieurs cœurs)

Exemple de code : Séquentiel vs Concurrent

python

```
# séquentiel.py
importer temps

deftâche 1():
   imprimer("Tâche 1 : Faire bouillir l'eau...")
temps.sommeil(3)# Simuler l'attente d'E/S
   imprimer("Tâche 1 : Eau bouillie")

deftâche 2():
   imprimer("Tâche 2 : Couper les légumes...")
temps.sommeil(2)
   imprimer("Tâche 2 : Légumes coupés")

deftâche 3():
   imprimer("Tâche 3 : Faire mariner le poulet...")
temps.sommeil(4)
   imprimer("Tâche 3 : Poulet mariné")

commencer =temps.temps()
tâche1()
tâche2()
tâche3()
imprimer(f"Temps total :{temps.temps()- commencer:.2f}s")
```

Sortir:

texte

```
Tâche 1 : Commencez à faire bouillir l'eau...
Tâche 1 : Eau bouillie
Tâche 2 : Couper les légumes...
Tâche 2 : Légumes coupés
Tâche 3 : Faire mariner le poulet...
Tâche 3 : Poulet mariné
Durée totale : 9,00 s
```

Maintenant, **version simultanée**utilisation du multithreading :

python

```
# concurrent.py
importerenfilage
importer temps

deftâche 1():
   imprimer("Tâche 1 : Faire bouillir l'eau...")
temps.sommeil(3)
   imprimer("Tâche 1 : Eau bouillie")

deftâche 2():
   imprimer("Tâche 2 : Couper les légumes...")
temps.sommeil(2)
   imprimer("Tâche 2 : Légumes coupés")

deftâche 3():
   imprimer("Tâche 3 : Faire mariner le poulet...")
temps.sommeil(4)
   imprimer("Tâche 3 : Poulet mariné")

commencer =temps.temps()
t1=threading.Thread(cible=tâche1)
t2=threading.Thread(cible=tâche2)
t3=threading.Thread(cible=tâche3)

t1.démarrer()
t2.démarrer()
t3.démarrer()

t1.join()
t2.join()
t3.join()

imprimer(f"Temps total :{temps.temps()- commencer:.2f}s")
```

Sortir:

```
texte
Tâche 1 : Commencez à faire bouillir l'eau...
Tâche 2 : Couper les légumes...
```

Tâche 3 : Faire mariner le poulet...
Tâche 1 : Eau bouillie
Tâche 2 : Légumes coupés
Tâche 3 : Poulet mariné
Durée totale : 4,01 s

Gain de vitesse : ~9 s → ~4 s

> Les tâches se chevauchent pendant la fonction sleep() (E/S simulées)

Quand utiliser l'une ou l'autre : tâches limitées par les E/S vs tâches limitées par le processeur

Type de tâche	Exemple	Meilleur outil	Pourquoi
Liaison E/S	Requêtes Web, lecture de fichiers, requêtes de base de données	**Enfilage**	Attente = processeur inactif → changement de tâche
Limité par le processeur	Mathématiques, traitement d'images, apprentissage automatique	**Multitraitement**	Besoin d'une véritable puissance de calcul ? → Utiliser tous les cœurs

---

Exemple d'entrée/sortie : Téléchargement de fichiers

python

```
# io_bound.py
importerdemandes
importer temps

URL=[
"https://httpbin.org/delay/2",
"https://httpbin.org/delay/1",
"https://httpbin.org/delay/3"
]

def télécharger(URL):
   imprimer(f«Téléchargement{URL}")
   réponse =requêtes.get(url)
   imprimer(f"Fait: {URL}")

# Séquentiel
commencer =temps.temps()
pourURLdansURL :
télécharger(url)
imprimer(f"Séquentiel :{temps.temps()- commencer:.2f}s")

# Concurrence (Threading)
importerenfilage
commencer =temps.temps()
fils=[]
pourURLdansURL :
t=threading.Thread(cible=télécharger, arguments=(url,))
t.start()
threads.append(t)

pourtdansfils :
t.join()
imprimer(f"Enfilage :{temps.temps()- commencer:.2f}s")
```

Résultat:

texte
Séquentiel : ~6 secondes
Enchaînement : ~3 secondes

Délai réseau = idéal pour**concurrence**

Exemple limité par le processeur : vérification des nombres premiers

python
```
# cpu_bound.py
importer mathématiques
importer temps

defest_premier(n):
   sin<=1:
      retour FAUX
   pour je dans gamme(2, int(math.sqrt(n))+1):
      sin% je ==0:
         retour FAUX
   retour Vrai

nombres=[999999937, 999999929, 999999893, 999999883]# Grands nombres premiers

# Séquentiel
commencer =temps.temps()
pourndanschiffres :
   imprimer(f"{n}:{est_premier(n)}")
imprimer(f"Séquentiel :{temps.temps()- commencer:.2f}s")

# Essayez le multithreading (ça ne changera rien !)
importerenfilage
commencer =temps.temps()
fils=[]
pourndanschiffres :
```

```
t=threading.Thread(cible=lambdax=n:imprimer(f"{x}:{est_premie
r(x)}"),arguments=())
t.start()
threads.append(t)
pourtdansfils :
t.join()
imprimer(f"Enfilage :{temps.temps()- commencer:.2f}s")
```

Résultat:

texte

```
Séquentiel : ~1,2 s
Temps de traitement : ~1,3 s (légèrement plus lent !)
```

Pourquoi? **GIL de Python**(section suivante)

Les limitations de Python : le verrou global de l'interpréteur (GIL)

Qu'est-ce que le GIL ?

Python (CPython) possède un**Verrouillage global de l'interpréteur**.

- Seulement **un fil**exécute le bytecode Python un par un.
- Même sur un processeur à 16 cœurs,**Un seul thread exécute le code Python.**immédiatement.

texte

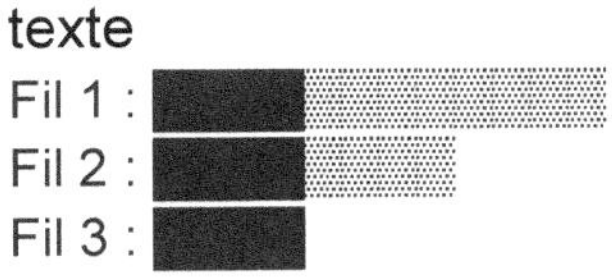

Filsà **tour de rôle**— pas de véritable parallélisme dans le code Python pur.

Quand GIL*Pas* Matière?

Cas	GIL libéré ?	Parallèle?
temps.sommeil()	Oui	Oui (E/S)
Opérations sur les fichiers/réseau	Oui	Oui
Extensions C (numpy, pandas)	Souvent	Oui
Boucles mathématiques en Python pur	Non	Non

Démonstration d'impact de GIL

python

```
# gil_demo.py
importerenfilage
importer temps

defcompter_jusqu'à_million():
  total =0
  pour je dans gamme(1 000 000):
    total +=1
  retour total

# Séquentiel
commencer =temps.temps()
compter_jusqu'à_millions()
```

```
compter_jusqu'à_millions()
imprimer(f"Séquentiel :{temps.temps()- commencer:.2f}s")

# Multithreading (GIL bloque le parallélisme)
commencer =temps.temps()
t1=threading.Thread(cible=compter_jusqu'à_millions)
t2=threading.Thread(cible=compter_jusqu'à_millions)
t1.démarrer()
t2.démarrer()
t1.join()
t2.join()
imprimer(f"Enfilage :{temps.temps()- commencer:.2f}s")
```

Sortir:

```
texte
Séquentiel : 0,18 s
Enfilage : 0,35 s ← PLUS LENT !
```

Le multithreading nuit aux tâches gourmandes en CPU en Python

---

Solution : Multiprocessing

```
python
# multiprocessing_demo.py
depuismultiprocesseurimporter Processus

defcompter_jusqu'à_million():
   total =0
   pour je dans gamme(1 000 000):
      total +=1
   imprimer("Un seul décompte effectué")

si __nom__ == "__principal__":
   commencer =temps.temps()
p1= Processus(cible=compter_jusqu'à_millions)
```

```
p2= Processus(cible=compter_jusqu'à_millions)
p1.démarrer()
p2.démarrer()
p1.join()
p2.join()
   imprimer(f"Multitraitement :{temps.temps()-
commencer:.2f}s")
```

Sortie (sur un processeur double cœur) :

```
texte
Compte effectué
Compte effectué
Multiprocessing : 0,10 s ← ~2 fois plus rapide !
```

> **Chaque processus dispose de son propre interpréteur Python et de sa propre mémoire.→pas de partage GIL**

Les pièges courants pour les débutants (et comment les éviter)

Piège	Pourquoi cela se produit	Réparer
Utilisation des threads pour les tâches du processeur	Mythe « Plus de threads = plus rapide »	Utiliser le multiprocesseur pour les mathématiques

Oublier join()	Le programme se termine avant que les threads n'aient fini.	Toujours joindre() après démarrer()
Modification de données partagées sans verrouillage	Conditions de course	Utilisez threading.Lock() (chapitre suivant)
Utilisation du multithreading pour les téléchargements de fichiers à petite échelle	Frais généraux > avantages	Testez d'abord avec timeit
Exécution du multiprocessus sous Windows sans if __name__ == "__main__":	Erreur d'exécution	Requis sous Windows

---

Exercice pratique : Comparaison des temps d'exécution séquentiels et concurrents

Construisons un**suite de benchmarks réels**.

Structure du projet

texte

```
chapitre 2/
├── io_bound_benchmark.py
├── cpu_bound_benchmark.py
└── utilitaires/
└── downloader.py
```

---

1. utils/downloader.py

python

```
# utils/downloader.py
importerdemandes
depuissaisieimporter Liste

defURL de téléchargement(URL:str) ->str:
    essayer:
        réponse =requêtes.get(url,temps mort=10)
        retourf"{URL}:{seulement(response.content)}octets"
    sauf Exception commeet:
        retourf"{URL}: ERREUR - {et}"
```

---

2. io_bound_benchmark.py

python

```
# io_bound_benchmark.py
importer temps
importerenfilage
depuisutilitaires.téléchargeurimporterURL de téléchargement

URL=[
"https://httpbin.org/delay/1",
"https://httpbin.org/delay/2",
"https://httpbin.org/delay/1",
"https://httpbin.org/delay/3",
]
```

```
deftéléchargements_séquentiels():
   résultats =[]
   pourURLdansURL:
résultats.append(download_url(url))
   retour résultats

deftéléchargements_simultanés():
   résultats =[Aucun]*seulement(URL)
fils=[]

deftravailleur(idx, URL):
résultats[idx]=télécharger_url(url)

   pourje, urldansénumérer(URL):
t=threading.Thread(cible=ouvrier,arguments=(i, url))
t.start()
threads.append(t)

   pourtdansfils :
t.join()

   retour résultats

si __nom__ == "__principal__":
   imprimer("=== Benchmark limité par les E/S ===\n")

   commencer =temps.temps()
résultats_seq=téléchargements_séquentiels()
seq_time=temps.temps()- commencer
   imprimer(f"Séquentiel :{seq_time:.2f}s")

   commencer =temps.temps()
résultats_conc=téléchargements_concurrents()
temps_conc=temps.temps()- commencer
   imprimer(f"Concomitant :{temps_conc:.2f}s")

   imprimer(f"\nAccélération :{seq_time/temps_conc:.2f}x")
   imprimer("\nRésultats correspondants :,

résultats_seq==résultats_conc)
```

Exécutez-le :

frapper
pythonio_bound_benchmark.py

Attendu:

texte
Séquentiel : 7,10 s
Concomitant : 3,15 s
Accélération : 2,25x

---

3. cpu_bound_benchmark.py

```
python
# cpu_bound_benchmark.py
importer temps
importerenfilage
depuismultiprocesseurimporter Processus
importer mathématiques

defest_premier(n):
   sin<=1:
      retour FAUX
   sin<=3:
      retour Vrai
   sin%2==0 oun%3==0:
      retour FAUX
   je =5
   alors que je * je <=n:
      sin% je ==0 oun% (je +2)==0:
         retour FAUX
      je +=6
   retour Vrai

NOMBRES=[112272535095293, 112582735095293,
112272535095293, 115280095295293]
```

```
defvérifier_premier_séquentiel():
   retour[est_premier(n)pourndansCHIFFRES]

defvérifier_le_threading_prime():
   résultats =[Aucun]*seulement(NOMBRES)
fils=[]

deftravailleur(je, n):
résultats[i]=est_premier(n)

   pour dans dansénumérer(NOMBRES):
t=threading.Thread(cible=ouvrier,arguments=(dans))
t.start()
threads.append(t)

   pourtdansfils :
t.join()
   retour résultats

defvérifier_premier_multiprocessing():
   résultats =[Aucun]*seulement(NOMBRES)
processus=[]

deftravailleur(je, n, liste de résultats):
liste_résultats[i]=est_premier(n)

   directeur = __importer__(« multitraitement »).Directeur()
résultats_partagés=gestionnaire.liste([Aucun]*seulement(NOM
BRES))

   pour dans dansénumérer(NOMBRES):
p= Processus(cible=ouvrier,arguments=(i, n,
résultats_partagés))
p.start()
processus.ajouter(p)

   pourpdansprocessus :
p.join()

   retour liste(résultats_partagés)
```

```
si __nom__ == "__principal__":
   imprimer("=== Test de performance limité par le processeur
===\n")

# Séquentiel
   commencer =temps.temps()
seq_res=vérifier_premier_séquentiel()
   imprimer(f"Séquentiel :{temps.temps()- commencer:.2f}s")

# Enfilage
   commencer =temps.temps()
thread_res=vérifier_premier_threading()
   imprimer(f"Enfilage :{temps.temps()- commencer:.2f}s")

# Multitraitement
   commencer =temps.temps()
mp_res=vérifier_premier_multiprocessing()
   imprimer(f"Multitraitement :{temps.temps()-
commencer:.2f}s")

   imprimer(f"\nRésultats du match
:{seq_res==thread_res==mp_res}")
```

Résultat attendu (sur un processeur à 4 cœurs) :

```
texte
Séquentiel : 2,10 s
Enfilage : 2,15 s
Multitraitement : 0,60 s
```

Le multiprocesseur est très performant pour les tâches du processeur.

Applications concrètes

Domaine	Tâche	Utiliser
Extraction de données Web	10 000 URL	Enfilage
Informatique	Fichier CSV → Base de données	Gestion des threads (E/S)
Redimensionnement d'image	1 000 photos	Multitraitement
Limitation du débit API	100 requêtes/seconde	Gestion des threads + File d'attente
Serveur de jeu	1 000 joueurs	Filetage par connexion

Résumé : Points clés à retenir

1. **Concurrence**= chevauchement des tâches → idéal pour**Liaison E/S**.
2. **Parallélisme**= exécution simultanée vraie → nécessite**plusieurs cœurs**.
3. **Python GIL**bloque le parallélisme du processeur dans les threads.
4. Utiliser **enfilage**en attente (fichiers, réseau).
5. Utiliser **multiprocesseur**pour les mathématiques complexes.
6. Toujours **point de référence**— ne présumez pas de la vitesse.

7. Utilisez join() et protégez le point d'entrée avec if __name__ == "__main__".

Exercices pratiques

Exercice 1 : Minuteur d'E/S

Rédigez un script qui :

- Télécharge 5 images de chats aléatoires depuis https://cataas.com/cat (utiliser /cat/says/hello)
- Comparaison du temps d'exécution séquentiel et du temps d'exécution multithread.
- Enregistre les images sous le nom cat_1.jpg, etc.

Exercice 2 : Calculateur de π pour processeur

Approximation de π par la méthode de Monte Carlo :

python
```
importeraléatoire
points=1 000 000
à l'intérieur = somme(1 pour_dans
gamme(points)sialéatoire.aléatoire()**2+aléatoire.aléatoire()**2
<=1)
pi ≈4* à l'intérieur /points
```

Comparer:

- Séquentiel

- Enfilage
- Multitraitement

Défi : Pipeline hybride

Construire un pipeline :

1. **Fil 1**Générer 100 nombres aléatoires
2. **Fil 2**: Vérifier si premier (envoyer via queue.Queue)
3. **Principal**Afficher les résultats

Prime: Ajouter le calcul du timing et de l'accélération.

Chapitre suivant Vous plongerez dans**enfilage**— créer, gérer et synchroniser les threads en toute sécurité.

Vous maintenant**comprendre les fondements**Partons de là.

Chapitre 3

Introduction au multithreading : vos premiers pas en Python multithread

Principes de base du module de gestion des threads : création et démarrage des threads

Le module de threading de Python est votre point d'entrée vers**exécution simultanée**. UN **fil**est un sous-processus léger qui exécute*dans*votre programme principal. Plusieurs threads partagent la mémoire et peuvent s'exécuter.**en même temps**— Idéal pour les tâches nécessitant une forte activité d'E/S, comme l'attente de fichiers ou de réponses Web.

Création d'une discussion

Il y a **deux façons**pour créer un fil de discussion :

Méthode 1 : Utilisation de Thread(cible=fonction)

python

```
# basic_thread.py
importerenfilage
importer temps

deftravailleur():
   imprimer("Démarrage du thread de travail...")
temps.sommeil(2)
   imprimer("Fil de travail terminé.")

# Créer une discussion
t=threading.Thread(cible=travailleur)

# Commencez
t.start()

imprimer(« Le fil principal continue… »)
```

Sortir:

```
texte
Le fil principal continue...
Démarrage du thread de travail...
Le fil de travail est terminé.
```

> Le fil principal**n'attend pas**— et cela continue immédiatement.

Méthode 2 : Sous-classement de Thread

```
python
# thread_subclass.py
importerenfilage
importer temps

classeFil de travail(enfilage.Fil):
def courir(soi):
      imprimer(f"Fil {soi.nom}début...)
```

```
temps.sommeil(2)
      imprimer(f"Fil {soi.nom} fait.")


# Créer et démarrer
t=WorkerThread()
t.start()

imprimer(« Le sujet principal se poursuit... »)
```

Utiliser **Méthode 1**pour les cas simples. Utilisez**sous-classement**lorsque vous avez besoin d'un comportement personnalisé (par exemple, transmettre des données, stocker des résultats).

Exemple concret : Téléchargement en parallèle

```
python
# télécharger_threads.py
importerenfilage
importerdemandes

def télécharger(URL, nom de fichier):
   imprimer(f«Téléchargement{URL}...)
   réponse =requêtes.get(url)
   avec ouvrir(nom de fichier, "wb")commef:
f.écrire(réponse.contenu)
   imprimer(f"Enregistré{nom de fichier}")

URL=[
("https://httpbin.org/delay/1", "file1.html"),
("https://httpbin.org/delay/2", "fichier2.html"),
("https://httpbin.org/delay/1", "file3.html"),
]
```

```
fils=[]
pourURL, prénomdansURL :
t=threading.Thread(cible=télécharger, arguments=(url,
prénom))
t.start()
threads.append(t)

# Attendez que tout le monde ait fini
pourtdansfils :
t.join()

imprimer(«Tous les téléchargements sont terminés !»)
```

> **Accélération**: ~4 secondes au lieu de ~4+ secondes séquentiellement.

Gestion du cycle de vie des threads : jonction, nommage et threads démons

join() – Attendre la fin du thread

python

```
t=threading.Thread(cible=travailleur)
t.start()
t.join()# Le fil principal attend ici
imprimer("Le travail de l'ouvrier est terminé. Le poste principal
reprend.")
```

> **Critique**: Toujours joindre les threads qui vous intéressent.

Nommer les threads (pour le débogage)

python
```
t1=threading.Thread(cible=ouvrier,nom="Téléchargeur-1")
t2=threading.Thread(cible=ouvrier,nom="Téléchargeur-2")
t1.démarrer()
t2.démarrer()
```

Sortir:

texte
```
Démarrage du téléchargeur de threads 1...
Démarrage du téléchargeur de threads 2...
```

> Utilisez les noms dans les journaux pour retracer quel thread a fait quoi.

Fils démoniaques

UN **fil démoniaque**s'exécute en arrière-plan et**meurt lorsque le programme principal se termine**.

python
```
# exemple_démon.py
importerenfilage
importer temps

deftâche_arrière-plan():
    alors que Vrai:
        imprimer("Fonctionnement en arrière-plan...")
temps.sommeil(1)

# Créer un démon
t=threading.Thread(cible=tâche_arrière-plan,démon=Vrai)
t.start()
```

```
temps.sommeil(3)
imprimer(Sortie principale...)
# Fin du programme → le démon meurt immédiatement
```

À utiliser pour la journalisation, la surveillance ou les tâches de nettoyage.

Résumé du cycle de vie

État	Description
Nouveau	Sujet créé, mais non démarré.
Exécutable	Après le démarrage()
En cours d'exécution	Exécution
Bloqué	Attente (E/S, verrouillage, veille)
Terminé	Terminé ou erreur

Synchronisation simple : partage sécurisé des données entre les threads

Les threads partagent la mémoire —**dangereux**si l'on n'y prend pas garde.

Le problème : la condition de concurrence

python
```
# race_condition.py
importerenfilage

comptoir =0

defincrément():
    mondial comptoir
    pour_dans gamme(100 000):
        comptoir +=1

fils=[threading.Thread(cible=incrément)pour_dans gamme(5)]
pourtdansfils :
t.start()
pourtdansfils :
t.join()

imprimer(f"Compteur final :{comptoir}")# Attendu : 500 000 →
souvent moins !
```

Sortir:487231 (variable)

> **Course**: Plusieurs threads lisent/écrivent simultanément le compteur → mises à jour perdues.

Solution : threading.Lock

python
```
# verrou_fixe.py
importerenfilage

comptoir =0
verrouillage =threading.Lock()# Une seule serrure pour les
gouverner toutes
```

```
defincrément():
   mondial comptoir
   pour_dans gamme(100 000):
      avec verrouillage:  # Acquisition → modification →
publication
         comptoir +=1

fils=[threading.Thread(cible=incrément)pour_dans gamme(5)]
pourtdansfils :
t.start()
pourtdansfils :
t.join()

imprimer(f"Compteur final :{comptoir}")# Actuellement : 500 000
```

> **Verrou = mutex**(Exclusion mutuelle). Un seul thread verrouillé à la fois.

RLock – Verrou à réentrée

À utiliser lorsque le même thread doit acquérir un verrou à plusieurs reprises.

python
```
verrouillage =threading.RLock()

defextérieur():
   avec verrouillage:
      imprimer(«Acquis extérieur»)
      intérieur()

def intérieur():
   avec verrouillage:  # OK avec RLock, erreur avec Lock
      imprimer("Acquis intérieurement")
```

---

threading.Event – Signal entre les threads

python
```
# event_signal.py
importerenfilage
importer temps

événement =threading.Event()

def serveur():
   imprimer(Serveur : En attente de signal...)
événement.attendre()# Bloque jusqu'à ce que set()
   imprimer("Serveur : Signal reçu ! Reprise du service.")

defsignaux():
temps.sommeil(2)
   imprimer("Signaux : Envoi du signal...")
événement.set()

threading.Thread(cible=serveur).démarrer()
threading.Thread(cible=signaux).start()
```

> Utilisation pour**démarrer/mettre en pause/reprendre** motifs.

Utilisation des threads pour les tâches d'E/S : accélération des lectures de fichiers et des appels réseau

Exemple de lecture de fichier

python
```
# file_threading.py
importerenfilage
```

```
importer toi

deflire_fichier(chemin):
   avec ouvrir(chemin, 'r', codage='utf-8')commef:
      contenu =f.lire()
   imprimer(f"Lire {chemin}:{seulement(contenu)}chars")

# Créer des fichiers d'exemple
os.makedirs("données", existe_ok=Vrai)
pour je dans gamme(5):
   avec ouvrir(f"fichier de données"{je}.SMS", "Dans")commef:
f.écrire("Texte d'exemple"*1000)

# Lecture en fil de discussion
fils=[]
pour je dans gamme(5):
t=threading.Thread(cible=lire_fichier,arguments=(f"fichier de
données"{je}.SMS",))
t.start()
threads.append(t)

pourtdansfils :
t.join()
```

> **Accélération**: ~5x sur SSD (E/S disque superposées)

Appels réseau avec concurrent.futures

python

```
# futures_example.py
depuisconcurrent.futuresimporterExécuteur de pool de threads
importerdemandes

def aller chercher(URL):
   retourrequests.get(url).status_code
```

```
URL=["https://httpbin.org/delay/1"]*10

avecThreadPoolExecutor(max_travailleurs=5)commeexécuteur
testamentaire :
    résultats = liste(executor.map(fetch, urls))

imprimer(résultats)
```

> **Syntaxe plus propre**, gestion automatique des threads.

Exercice pratique : Créer un moteur de recherche de fichiers multithread

Construisons un**véritable outil**: rechercher un mot-clé dans des centaines de fichiers texte —**rapide**.

Structure du projet

texte

```
chercheur de fichiers/
├── searcher.py
├── données/
│   ├── doc1.txt
│   ├── doc2.txt
│   └── ...
└── résultats.txt
```

Étape 1 : Générer des données de test

python

```
# générer_données.py
importer toi
```

```
os.makedirs("file_searcher/data", existe_ok=Vrai)

mots-clés=["python", "enfilage", "erreur", "succès", "déboguer"]

pour je dans gamme(100):
   avec ouvrir(f"file_searcher/data/doc{je}.SMS",
"Dans")commef:
      importeraléatoire
      texte =''.join(aléatoire.choix(mots-clés)+["lorem", «
lui-même »],k=200))
f.écrire(texte)
```

Étape 2 : searcher.py

python

```
# searcher.py
importer toi
importerenfilage
depuis file d'attente importer File d'attente
depuissaisieimporter Liste

# File d'attente et verrou partagés
file d'attente des résultats= File d'attente()
print_lock=threading.Lock()

defrechercher_dans_fichier(chemin d'accès:str, mot-clé:str):
   essayer:
      avec ouvrir(chemin du fichier,'r', codage='utf-8')commef:
         simot-clé.minus()dansf.read().lower():
            avecprint_lock :
               imprimer(f"[TROUVÉ] {mot-clé} dans {chemin
d'accès}")
file_résultat.put(chemin_du_fichier)
   sauf Exception commeet:
      avecprint_lock :
         imprimer(f"[ERREUR] {chemin d'accès}:{et}")
```

```
deftravailleur(mot-clé:str, file d'attente de fichiers: File
d'attente):
   alors que Vrai:
chemin d'accès=file_file.get()
      sichemin d'accèsest Aucun:# Pilule empoisonnée
         casser
rechercher_dans_fichier(chemin_fichier, mot-clé)
file_file.tâche_terminée()

defrecherche par fil de discussion(annuaire:str, mot-clé:str,
nombre_de_threads:int=8):
# Étape 1 : Créer la liste des fichiers
file d'attente de fichiers= File d'attente()
   pourracine, _, fichiersdansos.walk(répertoire) :
      pourfdansfichiers :
         sif.se termine avec(".SMS"):
file_queue.put(os.path.join(root, f))

# Étape 2 : Démarrer les threads de travail
fils=[]
   pour_dans gamme(nombre_de_threads) :
t=threading.Thread(cible=ouvrier,arguments=(mot-clé,
file_de_files)
t.start()
threads.append(t)

Étape 3 : Attendre que la file d'attente se vide
file_file.join()

Étape 4 : Arrêter les travailleurs
   pour_dansfils :
file_file.put(Aucun)
   pourtdansfils :
t.join()

Étape 5 : Collecte des résultats
   résultats =[]
bien que nonresult_queue.empty():
résultats.append(result_queue.get())
```

```
    retour résultats

si __nom__ == "__principal__":
    importer temps
    commencer =temps.temps()
matchs=recherche_threadée("file_searcher/data", "python",
nombre_de_threads=10)
    imprimer(f"\nTrouvé dans{seulement(allumettes)}fichiers")
    imprimer(f"Temps: {temps.temps()- commencer:.2f}s")
```

Exécutez-le

frapper

```
pythongénérer_données.py
pythonchercheur.py
```

Exemple de sortie :

texte

```
[TROUVÉ] Python dans file_searcher/data/doc0.txt
[TROUVÉ] python dans file_searcher/data/doc12.txt
...
Trouvé dans 41 fichiers
Temps : 0,68 s
```

> **La version séquentielle prendrait environ 3 à 4 secondes.** - étaient **5 fois plus rapide**.

Version séquentielle (à titre de comparaison)

python

```
# recherche_séquentielle.py
importer toi
importer temps
```

```
defrecherche de séquences(annuaire, mot-clé):
matchs=[]
   pourracine, _, fichiersdansos.walk(répertoire) :
      pourfdansfichiers :
         sif.se termine avec(".SMS"):
            chemin =os.path.join(racine, f)
            essayer:
               avec ouvrir(chemin, 'r')commef:
                  simot-clé.minus()dansf.read().lower():
correspondances.ajouter(chemin)
            sauf:
               passer
   retourmatchs

commencer =temps.temps()
matchs=recherche_séquence("file_searcher/data", "python")
imprimer(f"Séquentiel
:{seulement(allumettes)}fichiers,{temps.temps()-commencer:.2f}
s")
```

Threaded remporte un franc succèssur E/S.

Erreurs courantes à éviter

Erreur	Pourquoi ça casse	Réparer
Aucune jointure()	Le programme se termine prématurément	Toujours rejoindre les discussions

Variables globales sans verrouillage	Conditions de course	Utilisez Lock() ou queue.Queue
Trop de sujets	Frais généraux > avantages	Utilisez 4 à 16 fils maximum.
Blocage du thread principal	Aucune concurrence	Démarrer les threads, puis joindre()
Threads démons avec nettoyage	Perte de données à la sortie	Utilisez des fils de discussion classiques pour les travaux critiques.

Applications concrètes

Cas d'utilisation	Avantages du traitement par enfilage
Extracteur de données Web	Plus de 100 URL en parallèle
processeur de journal	Lecture de milliers de fichiers journaux
Applications GUI	Conserver une interface utilisateur réactive
Interrogation de l'API	Surveiller 50 points de terminaison

Sauvegarde de fichiers	Copier en compressant

Résumé : Points clés à retenir

1. Utilisez threading.Thread(target=func) pour les tâches simples.
2. Toujours joindre les threads que vous démarrez.
3. Nommez les threads pour faciliter le débogage.
4. Utiliser **fils démoniaques**uniquement pour les tâches en arrière-plan.
5. **Verrouillage**partage de données pour éviter les situations de concurrence.
6. Utilisez une file d'attente pour une communication sécurisée entre les threads.
7. **Le multithreading excelle dans les tâches liées aux E/S**— pas le processeur.
8. ThreadPoolExecutor simplifie la gestion des threads.

Exercices pratiques

Exercice 1 : Vérificateur d'état Web multithread

- Entrée : Liste de 50 URL
- Résultat : Code d’état + temps de réponse
- Utiliser ThreadPoolExecutor
- Enregistrer les résultats dans status_report.csv

Exercice 2 : Calculateur de taille de répertoire fileté

- Arbre de répertoire de marche
- Chaque thread additionne les tailles des fichiers dans un sous-dossier.
- Utilisez queue.Queue pour collecter les totaux
- Taille totale de l'impression en Mo

Défi : Recherche de fichiers à mots-clés multiples

Améliorer le moteur de recherche de fichiers :

- Accepter **plusieurs mots-clés**
- Chaque mot-clé dispose de son propre pool de threads.
- Résultat : mot-clé → [liste de fichiers]
- Ajouter une barre de progression avec tqdm

python
```
depuistqdmimportertqdm
# Envelopper file_queue avec tqdm pour un suivi en direct de la progression
```

Chapitre suivant Vous devrez affronter**GIL**Abordez le problème de front — et découvrez pourquoi le multithreading échoue pour les tâches du processeur (et comment y remédier grâce au multiprocessing).

Vous avez maintenant**Code multithread fonctionnel, sûr et rapide**. Continue

Chapitre 4

Le verrou global de l'interpréteur (GIL) : démystifier le goulot d'étranglement du multithreading en Python

Qu'est-ce que le GIL ?

Le **Verrouillage global de l'interpréteur (GIL)**est un mutex (verrou d'exclusion mutuelle) dans**CPython**— l'implémentation standard de Python — qui protège l'accès aux objets Python et empêche plusieurs threads natifs d'exécuter du bytecode Python simultanément.

En termes simples:

> Seulement **un fil**peut exécuter du code Python à tout moment, même sur une machine à 64 cœurs.

Pourquoi le GIL existe-t-il ?

Python utilise**comptage de références**Pour la gestion de la mémoire, chaque objet possède un compteur indiquant le nombre de variables qui le référencent. Lorsque ce compteur atteint zéro, la mémoire est libérée.

python
```
x=[]
et =x# refcount = 2
et = Aucun# refcount = 1
x= Aucun# refcount = 0 → mémoire libérée
```

Sans le GIL, deux threads pourraient modifier simultanément le même compteur de références :

texte
```
Thread 1 : compteur de lectures = 1 → décrémentation →
écritures 0
Thread 2 : compteur de lectures = 1 → décrémentation →
écritures 0
→ Mémoire libérée deux fois → CRASH
```

Le GIL**empêche cette condition de concurrence**en veillant à ce qu'un seul thread accède aux composants internes de Python à la fois.

Visualisation du GIL

texte
```
Cœur du processeur 1 Cœur du processeur 2 Cœur du
processeur 3
| Fil A ████| |
| | Fil B ████|
| | | Fil C ████|
└───────────┴────────────┴──────────
───┘
↑ ↑ ↑
GIL maintenu par un fil à la fois
```

Même avec 3 cœurs, seulement**un thread exécute du code Python**à tout instant.

Exemple de code : GIL en action

python
```
# gil_demo.py
importerenfilage
importer temps

defcompter_jusqu'à():
x=0
   pour_dans gamme(10 000 000):
x+=1
   retourx

defcompte à rebours():
x=10 000 000
   pour_dans gamme(10 000 000):
x-=1
   retourx

# Séquentiel
commencer =temps.temps()
compter_up()
compte à rebours()
seq_time=temps.temps()- commencer
imprimer(f"Séquentiel :{seq_time:.2f}s")

# Multithread (vous vous attendez à une accélération d'environ
2x ? NON !)
commencer =temps.temps()
t1=threading.Thread(cible=compter_up)
t2=threading.Thread(cible=compte à rebours)
t1.démarrer()
t2.démarrer()
t1.join()
t2.join()
thread_time=temps.temps()- commencer
imprimer(f"Enfilé :{thread_time:.2f}s")
imprimer(f"Accélération :{seq_time/thread_time:.2f}x")
```

Résultat (sur une machine bicœur) :

texte

```
Séquentiel : 1,42 s
Filetage : 1,48 s
Accélération : 0,96x ← PLUS LENT !
```

> **Le fait de créer des enfilages a empiré les choses.**en raison des conflits GIL et des changements de contexte.

Quand le GIL sera-t-il publié ?

Opération	GIL libéré ?	Pourquoi
temps.sommeil()	Oui	Le fil cède le contrôle
E/S de fichiers (ouverture, lecture)	Oui	Le système d'exploitation s'en charge.
Réseau (requêtes.get)	Oui	En attente de la prise
Extensions C (numpy.dot)	Souvent	Peut libérer GIL
Boucles Python pures	Non	Exécution du bytecode

Extensions C contournant le GIL

python

```
# numpy_gil_release.py
```

```
importernumpycommepar exemple
importerenfilage
importer temps

defmatrice_mult():
   un =np.random.rand(500, 500)
b=np.random.rand(500, 500)
   pour_dans gamme(50):
np.dot(a, b)

# Séquentiel
commencer =temps.temps()
matrice_multi()
matrice_multi()
imprimer(f"Séquentiel :{temps.temps()-commencer:.2f}s")

# Filé
commencer =temps.temps()
t1=threading.Thread(cible=matrice_multi)
t2=threading.Thread(cible=matrice_multi)
t1.démarrer()
t2.démarrer()
t1.join()
t2.join()
imprimer(f"Enfilé :{temps.temps()-commencer:.2f}s")
```

Sortir:

```
texte
Séquentiel : 2,10 s
En mode multithread : 1,15 s ← ~1,8x de vitesse !
```

numpy libère le GIL lors du passage de dot()
à un véritable parallélisme.

Impact du GIL sur les tâches gourmandes en ressources CPU et solutions de contournement

Impact : Absence de parallélisme en Python pur

Tâche	Accélération du multithreading	Raison
Vérification Prime	0,9x	Blocs GIL
Analyse JSON	1.0x	Python pur
Redimensionnement d'image (PIL)	1.0x	Donne de la chance
opérations numpy	1,8x	GIL a libéré

Solutions de contournement

Stratégie	Quand l'utiliser	Exemple
Multitraitement	gourmand en ressources processeur	multiprocessing.Process
Extensions C	Performance critique	numpy, pandas, numba
AsyncIO	Liaison E/S	asyncio + aiohttp
Outils externes	Big data	Gifle, coup de pied

Mesure des performances : outils d'évaluation comparative du code multithread

1. time.time() – Simple

```python
commencer =temps.temps()
# code
imprimer(f"Écoulé :{temps.temps()- commencer:.4f}s")
```

Idéal pour des tests rapides.

---

2. timeit – Micro-benchmarks précis

```python
# timeit_example.py
importertemps

defboucle occupée():
x=0
   pour_dans gamme(1 000 000):
x+=1

imprimer(timeit.timeit(boucle_occupée,nombre=10))
```

---

3. cProfile – Voir les goulots d'étranglement

```python
# profile_thread.py
importercProfil
importerenfilage

deftravailleur():
x=0
```

```
    pour_dans gamme(5 000 000):
x+=1

def principal():
fils=[threading.Thread(cible=travailleur)pour_dans gamme(4)]
    pourtdansthreads: t.start()
    pourtdansthreads: t.join()

cProfile.run('principal()')
```

Extrait de résultat :

```
texte
20 000 004 appels de fonction en 5,123 secondes
ncalls temps total par appel temps cumulé par appel nom de
fichier : numéro de ligne (fonction)
4 5,120 1,280 5,120 1,280 travailleur
```

---

4. multithreading + psutil – Utilisation du processeur

```
python
# cpu_usage.py
importerenfilage
importerpsutil
importer temps

deftâche_processeur():
x=0
    pour_dans gamme(10 000 000):
x=(x+1)%1000

threading.Thread(cible=cpu_task).start()
threading.Thread(cible=cpu_task).start()

pour_dans gamme(10):
    imprimer(f"Processeur :{psutil.cpu_percent()}%")
temps.sommeil(0,5)
```

> Sur un processeur 4 cœurs : ~25 % d'utilisation du CPU (un cœur entièrement utilisé)

Stratégies pour contourner le GIL

Stratégie 1 : Utiliser le multiprocesseur

python

```
# contourner_avec_mp.py
depuismultiprocesseurimporter Piscine
importer mathématiques

defest_premier(n):
   sin<=1:retour FAUX
   pour je dans gamme(2, int(math.sqrt(n))+1):
      sin% je ==0:retour FAUX
   retour Vrai

nombres=[999999937, 999999929, 999999893, 999999883]*10

avec Piscine() comme piscine:
   résultats =pool.map(is_prime, nombres)

imprimer(f"Primes :{somme(résultats)}")
```

> Chaque processus = interpréteur Python distinct →**pas de partage GIL**

Stratégie 2 : Déchargement vers les extensions C

python

```
# numba_bypass.py
```

```
depuisengourdiimporterjit
importerenfilage

@jit(nopython=Vrai)
defcompte rapide():
x=0
   pour je dans gamme(10 000 000):
x+=1
   retourx

# Maintenant, le multithreading fonctionne !
t1=threading.Thread(cible=compte_rapide)
t2=threading.Thread(cible=compte_rapide)
# ... démarrer/rejoindre
```

> numba est compilé en code machine →**GIL a libéré**

Stratégie 3 : Conception axée sur les E/S

python

```
# io_focused.py
importerenfilage
importerdemandes

def télécharger(URL):
requests.get(url).content# E/S → GIL libéré

# 100 fils → rapide !
```

> Même avec le GIL, les E/S le libèrent → la concurrence l'emporte.

Exercice pratique : Profiler et optimiser une tâche gourmande en ressources CPU malgré le GIL

Construisons un**générateur fractal de Mandelbrot**—Sollicite le processeur, visuel et idéal pour les tests de performance.

Étape 1 : Version séquentielle

python
```
# mandelbrot_seq.py
importer temps
importermatplotlib.pyplotcommeplt

defMandelbrot(c, max_iter):
   Avec =0
   pourndans gamme(max_iter) :
      siabdos(Avec) >2:
         retourn
      Avec = Avec*Avec +c
   retourmax_iter

def générer(largeur, hauteur, max_iter=100):
   image =[]
   pour et dans gamme(hauteur):
      rangée =[]
      pourxdans gamme(largeur):
         réel =x/ largeur *3.5-2.5
image= et / hauteur *2.0-1.0
c= complexe(réel, image)
ligne.ajouter(mandelbrot(c, max_iter))
image.append(ligne)
   retour image

commencer =temps.temps()
image= générer(800, 600)
imprimer(f"Séquentiel :{temps.temps()-commencer:.2f}s")
```

```
plt.imshow(img,cmap='chaud')
plt.savefig("mandelbrot_seq.png")
```

Temps:~28 secondes

Étape 2 : Version multithread (Échec)

python

```
# mandelbrot_threaded.py
importerenfilage
depuisconcurrent.futuresimporterExécuteur de pool de threads

deftâche_ligne(et, largeur, hauteur, max_iter):
   rangée =[]
   pourxdans gamme(largeur):
      réel =x/ largeur *3.5-2.5
image= et / hauteur *2.0-1.0
c= complexe(réel, image)
ligne.ajouter(mandelbrot(c, max_iter))
   retoury, ligne

defgénérer_thread(largeur, hauteur, max_iter=100):
   image =[Aucun]* hauteur
   avecThreadPoolExecutor()commeexécuteur testamentaire :
avenirs=[
exécuteur.submit(row_task, y, width, height, max_iter)
         pour et dans gamme(hauteur)
]
      pourfdansavenir :
y, ligne=f.résultat()
image[y]= rangée
   retour image

commencer =temps.temps()
image=générer_threadé(800, 600)
imprimer(f"Enfilé :{temps.temps()-commencer:.2f}s")
```

Temps:~30 secondes ←**Ralentissez!**

Étape 3 : Profilage avec cProfile

python
```
# Ajouter à mandelbrot_threaded.py
importercProfil
cProfile.run('générer_threadé(800, 600)')
```

Ligne clé :

texte
```
480 000 appels de fonction en 30,123 secondes
Mandelbrot 480000 29,8s
```

> Tout le temps en Python pur → goulot d'étranglement du GIL.

Étape 4 : Optimiser avec Numba

python
```
# mandelbrot_numba.py
depuisengourdiimporterjit
importernumpycommepar exemple

@jit(nopython=Vrai, parallèle=Vrai)
defnombre de Mandelbrot(largeur, hauteur, max_iter=100):
   image =np.zeros((hauteur, largeur),dtype=par exemple uint8)
   pour et dans gamme(hauteur):
      pourxdans gamme(largeur):
         réel =x/ largeur *3.5-2.5
image= et / hauteur *2.0-1.0
c= complexe(réel, image)
         Avec =0
         pourndans gamme(max_iter) :
```

```
            siabdos(Avec) >2:
image[y, x]=n
                casser
            Avec = Avec*Avec +c
         autre:
image[y, x]=max_iter
   retour image

commencer =temps.temps()
image=nombre_mandelbrot(800, 600)
imprimer(f"Nombre:{temps.temps()-commencer:.2f}s")
plt.imsave("mandelbrot_numba.png", image,cmap='chaud')
```

Temps:~0,8 seconde ←**Accélération multipliée par 35 !**

> nombre + parallèle=Vrai →**Auto-threading + libération du GIL**

Étape 5 : Repli sur le multitraitement

python

```
# mandelbrot_mp.py
depuismultiprocesseurimporter Piscine
importernumpycommepar exemple

defcalculer_ligne(arguments):
y, largeur, hauteur, itération maximale=arguments
   rangée =[]
   pourxdans gamme(largeur):
      réel =x/ largeur *3.5-2.5
image= et / hauteur *2.0-1.0
c= complexe(réel, image)
      Avec =0
      pourndans gamme(max_iter) :
         siabdos(Avec) >2:
ligne.ajouter(n)
            casser
```

```
        Avec = Avec*Avec +c
      autre:
ligne.ajouter(max_iter)
   retoury, ligne

defgénérer_mp(largeur, hauteur, max_iter=100):
arguments=[(y, largeur, hauteur, max_iter)pour et dans
gamme(hauteur)]
   avec Piscine() comme piscine:
      résultats =pool.map(compute_row, args)
   image =[Aucun]* hauteur
   poury, lignedans résultats:
image[y]= rangée
   retour image

commencer =temps.temps()
image=générer_mp(800, 600)
imprimer(f"Multitraitement :{temps.temps()-commencer:.2f}s")
```

Temps:~7 secondes (sur un processeur quadricœur)
←**Accélération x4**

Applications concrètes

Projet	Numéro GIL	Réparer
Formation en apprentissage automatique	Boucles Python pures	Utiliser TensorFlow/PyTorch
Traitement d'images	OREILLER lent	Pillow-SIMD, OpenCV
Extracteur de données Web	Analyse du processeur	lxml (basé sur le C)

Physique du jeu	mathématiques en Python	pymunk (C)

Erreurs courantes à éviter

Erreur	Pourquoi	Réparer
Enchaînement de tâches pour les mathématiques	GIL	Utilisez le multiprocesseur ou le C
En ignorant les extensions C	Réinventer la roue	Utilisez numpy et numba
Aucun profilage	performance de deviner	Toujours mesurer
Trop de processus	explosion de mémoire	Correspondance des cœurs du processeur
Utilisation du pool de threads pour le processeur	Pas d'accélération	Utiliser ProcessPoolExecutor

---

Résumé : Points clés à retenir

1. **GIL = un thread exécute Python à la fois**.
2. **Limité par le processeur + multithreading = aucun gain de vitesse**.
3. **Limité par les E/S = GIL libéré → le multithreading l'emporte**.

4. **Profil d'abord**: timeit, cProfile, psutil.
5. **Contourner GIL** avec:
   - multiprocesseur
   - Extensions C (numpy, numba)
   - Conception axée sur les E/S
6. **Engourdi**= Contournement GIL le plus simple pour les mathématiques.

Exercices pratiques

Exercice 1 : Multiplication de matrices de référence

- Comparer:
  - Python pur
  - Fileté
  - numpy
  - engourdi
- Graphique d'accélération du tracé

Exercice 2 : Primaire avec Numba

- Mettre en œuvre le tamis d'Ératosthène
- Utilisez @jit(parallel=True)
- Comparer à Python pur

Défi : Hachage parallèle de fichiers

- Hacher 100 fichiers volumineux (hashlib.sha256)
- Essayer:
  - Multithreading → lent (CPU)
  - Multitraitement → rapide
  - concurrent.futures.ProcessPoolExecutor

- Ajouter une barre de progression avec tqdm

python
```
depuistqdmimportertqdm
pour_danstqdm(pool.imap(hash_file, fichiers)):
  passer
```

Chapitre suivant Vous maîtriserez**multiprocesseur**— véritable parallélisme, pas de GIL, pleine puissance du processeur.

Vous maintenant**comprendre et vaincre le GIL**Passons au multicœur.

Chapitre 5

Principes de base du multiprocesseur : comment obtenir un véritable parallélisme entre les cœurs du processeur

Le module de multitraitement : Explication des processus et des threads

Dans le chapitre précédent, vous avez vu comment le**Verrouillage global de l'interpréteur (GIL)**bloque le véritable parallélisme dans les threads.**Multitraitement**Voici la réponse de Python.

Fonctionnalité	**Enfilage**	**Multitraitement**
Mémoire	Commun	Séparé
GIL	Oui	Non (chaque processus a le sien)

Vitesse (processeur)	Pas d'accélération	Utilisation maximale du processeur
Aérien	Faible	Plus haut (bifurcation)
Idéal pour	Limité aux E/S	Limité par le processeur

Analogie simple:

- **Fil**= des employés d'un même bureau, partageant un seul ordinateur.
- **Processus**= travailleurs dans**bureaux séparés**, chacun avec**leur propre ordinateur**.

Comment fonctionnent les processus

Lorsque vous démarrez un processus :

1. TOI **copies**l'interpréteur Python actuel.
2. Exécute votre fonction dans un**nouvel espace mémoire**.
3. Aucun conflit GIL →**véritable exécution parallèle**.

texte

```
Processus principal
├── Processus 1 (Cœur du processeur 1)
├── Processus 2 (Cœur du processeur 2)
└── Processus 3 (Cœur du processeur 3)
```

Visuel : Comparaison entre le multithreading et le multiprocessing

texte

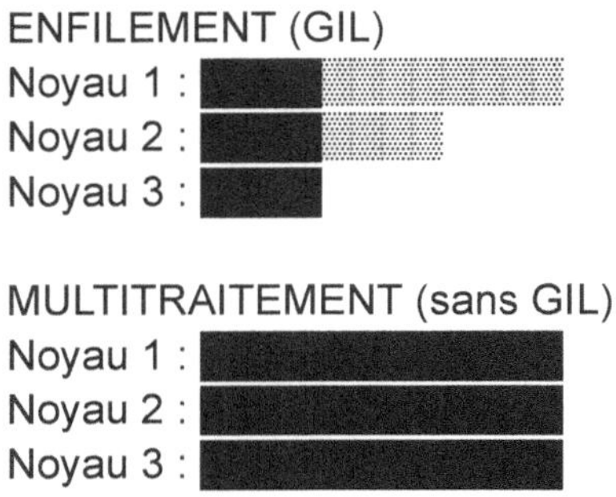

Création et gestion des processus : démarrage, intégration et terminaison

Création de processus de base

python

```
# processus_basique.py
depuismultiprocesseurimporter Processus
importer temps

deftravailleur(nom):
   imprimer(f"Processus {nom}début...)
temps.sommeil(2)
   imprimer(f"Processus {nom} fait.")

si __nom__ == "__principal__":
p1= Processus(cible=ouvrier,arguments=("UN",))
p2= Processus(cible=ouvrier,arguments=("B",))

p1.démarrer()
p2.démarrer()
```

```
p1.join()# Attendez p1
p2.join()# Attendez le p2

imprimer(«Tous les processus sont terminés.»)
```

> **Important**: si __name__ == "__main__": est**requis sous Windows**et recommandé partout pour éviter les générations récursives.

Cycle de vie du processus

Méthode	But
commencer()	Processus de lancement
rejoindre()	Attendez la fin
est_vivant()	Vérifier l'état
mettre fin()	Tuez immédiatement
tuer()	Tuer par la force

python

```
p= Processus(cible=ouvrier,arguments=("X",))
p.start()
imprimer(f"Vivant? {p.est_vivant()}")# Vrai
p.terminer()
```

```
p.join()
imprimer(f"En vie après avoir tué ?"{p.est_vivant()}")# FAUX
```

Processus de dénomination

python
```
p= Processus(cible=ouvrier,nom="Calculatrice-1")
imprimer(nom du candidat)# "Calculatrice-1"
```

Utile pour la journalisation et le débogage.

Pools de processus pour une distribution de tâches évolutive

Quand vous avez**de nombreuses petites tâches**Créer un processus par tâche est inefficace.

Piscine= nombre fixe de processus de travail qui se réutilisent.

python
```
# pool_example.py
depuismultiprocesseurimporter Piscine

def carré(x):
  retourx*x

si __nom__ == "__principal__":
nombres= liste(gamme(1, 11))

  avec Piscine(processus=4)comme piscine:
    résultats =pool.map(carré, nombres)

  imprimer(résultats)  # [1, 4, 9, 16, ...]
```

pool.map() = version parallèle de map()

Méthodes de mise en commun

Méthode	Utiliser
map(fonction, itérable)	Appliquer la fonction à chaque élément
imap()	Version paresseuse (renvoie un itérateur)
appliquer(fonction, arguments)	Exécuter une fois
carte stellaire(fonction, itérable)	Transmettre plusieurs arguments

python
```
# Exemple de carte stellaire
def ajouter(un, b):
  retour un +b

avec Piscine() comme piscine:
  résultats =pool.starmap(ajouter, [(1,2), (3,4), (5,6)])
  imprimer(résultats)  # [3, 7, 11]
```

Taille du bassin de contrôle

python
```
importer toi
nombre de processeurs=os.cpu_count()
imprimer(fVotre processeur a{nombre de processeurs}noyaux")

avec Piscine(processus=cpu_count)comme piscine:
# Utiliser tous les cœurs
```

Gestion des charges de travail gourmandes en ressources CPU : exemple de multiplication matricielle

Construisons un**multiplicateur matriciel parallèle**.

Version séquentielle

```
python
# matrix_seq.py
importer temps
importeraléatoire

defmatmul(UN, B):
lignes_A=seulement(UN)
cols_B=seulement(B[0])
cols_A=seulement(UN[0])
C=[[0 pour_dans gamme(cols_B)]pour_dans gamme(lignes_A)]

   pour je dans gamme(lignes_A) :
      pourjdans gamme(cols_B) :
         pourkdans gamme(cols_A) :
C[i][j]+=A[i][k]*B[k][j]
   retourC

# Créer des matrices 200x200
taille =200
UN =[[aléatoire.aléatoire()pour_dans gamme(taille)] pour_dans
gamme(taille)]
B=[[aléatoire.aléatoire()pour_dans gamme(taille)] pour_dans
gamme(taille)]

commencer =temps.temps()
C=matmul(A, B)
```

```
imprimer(f"Séquentiel :{temps.temps()- commencer:.2f}s")
```

Sortie (processeur à 4 cœurs) :

```
texte
Séquentiel : 9,42 s
```

Version multiprocesseur avec pool

```
python
# matrix_pool.py
depuismultiprocesseurimporter Piscine
importer temps
importeraléatoire

defmatmul_row(arguments):
je, A_ligne, B=arguments
cols_B=seulement(B[0])
cols_A=seulement(Ligne A)
ligne_résultat=[]
   pourjdans gamme(cols_B) :
      total =0
      pourkdans gamme(cols_A) :
         total +=A_row[k]*B[k][j]
ligne_résultat.ajouter(total)
   retouri, ligne_résultat

defparallel_matmul(UN, B, ouvriers=Aucun):
lignes_A=seulement(UN)
cols_B=seulement(B[0])

# Préparer les arguments : (row_index, A_row, B)
tâches=[(i, A[i], B)pour je dans gamme(lignes_A)]

   avec Piscine(processus=travailleurs)comme piscine:
      résultats =pool.map(matmul_row, tâches)

# Reconstruire la matrice
```

```
C=[Aucun]*lignes_A
   pouri, lignedans résultats:
C[i]= rangée
   retourC

# Générer des données
taille =200
UN =[[aléatoire.aléatoire()pour_dans gamme(taille)] pour_dans
gamme(taille)]
B=[[aléatoire.aléatoire()pour_dans gamme(taille)] pour_dans
gamme(taille)]

commencer =temps.temps()
C=parallel_matmul(A, B)
imprimer(f"Multitraitement :{temps.temps()- commencer:.2f}s")
```

Sortir:

```
texte
Multiprocessing : 2,61 s ← ~3,6x d'accélération !
```

> Sur processeur quadricœur : environ 3,6 fois plus rapide. Évolutivité quasi linéaire !

Exercice pratique : Implémentation d'un multiplicateur matriciel multiprocessus pour exploiter plusieurs cœurs

Construisons un**multiplicateur matriciel complet et réutilisable** avec:

- Validation des entrées
- barre de progression
- Analyse comparative
- Enregistrer les résultats

Structure du projet

texte

```
multiplicateur_matriciel/
├── matrix.py
├── benchmark.py
└── données/
```

---

matrix.py – Logique de base

python

```
# matrix.py
depuismultiprocesseurimporterPool, nombre de processeurs
depuissaisieimporter Liste
importer temps

defvalider_matrices(UN: Liste[Liste[flotter]],B:
Liste[Liste[flotter]]) ->booléen:
   sinon UN ou non UN[0]ou nonBou nonB[0]:
      retour FAUX
   retourseulement(UN[0])==seulement(B)# A colonnes == B
lignes

defmultiplier_ligne(arguments):
je, ligne_A, B=arguments
cols_B=seulement(B[0])
   résultat =[]
   pourjdans gamme(cols_B) :
      total = somme(ligne_A[k]*B[k][j]pourkdans
gamme(seulement(ligne_A)))
```

```
résultat.ajouter(total)
   retourje, résultat

defmultiplier(UN: Liste[Liste[flotter]],B:
Liste[Liste[flotter]],ouvriers:int= Aucun) -> Liste[Liste[flotter]]:
   sinonvalider_matrices(A, B) :
      augmenterErreur de valeur(« Dimensions de la matrice
invalides »)

   sitravailleursest Aucun:
travailleurs=cpu_count()

tâches=[(i, A[i], B)pour je dans gamme(seulement(UN))]

   commencer =temps.temps()
   avec Piscine(processus=travailleurs)comme piscine:
      résultats =pool.map(multiply_row, tâches)
   imprimer(f"Heure de la piscine :{temps.temps()-
commencer:.2f}s")

C=[Aucun]*seulement(UN)
   pouri, lignedans résultats:
C[i]= rangée
   retourC
```

---

benchmark.py – Tester et comparer

python

```
# benchmark.py
importer temps
importeraléatoire
depuismatriceimportermultiplier
depuisconcurrent.futuresimporterProcessPoolExecutor
importermatplotlib.pyplotcommeplt
importer toi

defgénérer_matrice(n:int) ->liste:
```

```
   retour[[aléatoire.aléatoire()pour_dans gamme(n)]pour_dans
gamme(n)]

defmultiplication séquentielle(UN, B):
lignes_A=seulement(UN)
cols_B=seulement(B[0])
C=[[0 pour_dans gamme(cols_B)]pour_dans gamme(lignes_A)]
   pour je dans gamme(lignes_A) :
      pourjdans gamme(cols_B) :
         pourkdans gamme(seulement(UN[0])):
C[i][j]+=A[i][k]*B[k][j]
   retourC

defpoint de référence(taille=300, max_travailleurs=8):
   UN =générer_matrice(taille)
B=générer_matrice(taille)

   imprimer(f« Analyse comparative
»{taille}x{taille}matrices...\n")

# Séquentiel
   commencer =temps.temps()
C_seq=multiplication_séquentielle(A, B)
seq_time=temps.temps()- commencer
   imprimer(f'Séquentiel :{seq_time:.2f}s")

# Multitraitement
temps=[]
   pourtravailleursdans gamme(1, max_travailleurs+1):
      commencer =temps.temps()
C_mp=multiplier(A, B,ouvriers=ouvriers)
t=temps.temps()- commencer
fois.ajouter(t)
      imprimer(f"{ouvriers}travailleurs :{t:.2f}s
(accélération :{seq_time/t:.2f}x)")

   # Parcelle
plt.figure(taille de la figure=(8, 5))
plt.plot(gamme(1, max_travailleurs+1), fois,marqueur='le',
étiquette=« Multitraitement »)
```

```
plt.axhline(seq_time,couleur='r', style de ligne='--',
étiquette='Séquentiel')
plt.xlabel(« Nombre de travailleurs »)
plt.ylabel("Temps (secondes)")
plt.title(« Mise à l'échelle par multiplication matricielle »)
plt.legend()
plt.grid(Vrai)
plt.savefig("scale.png")
    imprimer("\nGraphique enregistré sous le nom 'scaling.png')

si __nom__ == "__principal__":
point de référence (taille=400,
max_travailleurs=os.cpu_count())
```

Courir:

```
frapper
pythonbenchmark.py
```

Exemple de sortie :

```
texte
Évaluation comparative des matrices 400x400...

Séquentiel : 28,41 s
1 travailleur : 28,10 s (accélération : 1,01x)
2 travailleurs : 14,32 s (accélération : 1,98x)
3 travailleurs : 9,88 s (accélération : 2,88x)
4 travailleurs : 7,65 s (accélération : 3,71x)
5 travailleurs : 7,70 s (accélération : 3,69x)
...
Graphique enregistré sous le nom 'scaling.png'
```

> **Pic à 4 travailleurs**→ correspond aux cœurs du processeur.

Applications concrètes

Tâche	Pourquoi le multiprocesseur ?
Encodage vidéo	Répartition des trames entre les cœurs
formation de modèles ML	Recherche parallèle d'hyperparamètres
simulation scientifique	Mener des essais indépendants
Traitement par lots d'images	Redimensionner 10 000 photos
Analyse des journaux	Recherche dans des téraoctets

Erreurs courantes à éviter

Erreur	Pourquoi ça échoue	Réparer
Non si __name__ == "__main__":	Génération infinie sous Windows	Toujours utiliser

Passage d'objets volumineux	Copie sur travers	Utiliser la mémoire partagée ou les fichiers
Trop de processus	Raclée	Utiliser ≤ cœurs du processeur
Piscine non utilisée	Frais généraux élevés	processus de réutilisation
Retourner des résultats importants	Explosion de la mémoire	Enregistrer sur le disque

---

Conseil : Utilisez shared_memory (Python 3.8+)

python

```
depuismultiprocesseurimportermémoire partagée

shm=mémoire_partagée.SharedMemory(créer=Vrai,
taille=1000)
tampon =shm.buf
tampon[0]=42
# Transmettre shm.name aux processus
```

Résumé : Points clés à retenir

1. **Multiprocessing = véritable parallélisme**(pas GIL).
2. Utiliser le processus pour**quelques tâches importantes**.

3. Utiliser la piscine pour**de nombreuses petites tâches**.
4. Toujours envelopper le point d'entrée dans if __name__ == "__main__":.
5. **Faire correspondre le nombre de travailleurs au nombre de cœurs du processeur**.
6. pool.map() = modèle parallèle le plus simple.
7. **Les tâches gourmandes en ressources CPU évoluent de manière quasi linéaire**.

Exercices pratiques

Exercice 1 : Vérificateur de nombres premiers parallèles

- Entrée : 1 million de nombres
- Résultat : Liste des nombres premiers
- Comparer:
    - Séquentiel
    - Pool.map()
    - Pool.starmap() avec des blocs de portée

Exercice 2 : Monte Carlo Pi

python

```
# Estimer π
à l'intérieur = somme(1 pour_dans gamme(N)six**2+ et**2<=1)
pi ≈4* à l'intérieur /N
```

- Diviser N en morceaux
- Utilisez Pool pour additionner les comptes internes
- Utilisez manager.dict() ou Value pour agréger

Défi : Redimensionneur d'images parallèle

- Entrée : Dossier contenant plus de 100 images
- Sortie : Redimensionnée à 800x600
- Utilisez l'oreiller
- Enregistrer avec _resized.jpg
- Ajouter une barre de progression tqdm
- Comparer la vitesse et le séquentiel

python
```
depuisPIL importer Image
depuistqdmimportertqdm
```

Chapitre suivant Vous apprendrez**Communication interprocessus (IPC)**— Comment partager des données en toute sécurité entre processus à l'aide de Queue, Pipe et Manager.

Vous avez maintenant**contrôle total de tous les cœurs du processeur**Passons à l'échelle supérieure

Chapitre 6

Communication inter-processus : partage efficace des données et des messages

---

Tuyaux et files d'attente : envoi de données entre processus

Les processus s'exécutent dans**espaces de mémoire séparés**— ils ne peuvent pas accéder directement aux variables de l'autre. Pour communiquer, Python fournit**Tuyaux** et **Queues**.

Outil	Cas d'utilisation	Vitesse	Complexité
Tuyau()	Deux processus (parent-enfant)	Rapide	Faible
File d'attente()	Producteurs/consommateurs multiples	Ralentissez	Moyen

---

Pipe() – Canal bidirectionnel direct

```python
# pipe_basic.py
depuismultiprocesseurimporterProcédé, tuyau

defexpéditeur(Connecticut):
conn.send("Bonjour de la part d'un enfant !")
conn.send([1, 2, 3])
   réponse =conn.recv()
   imprimer(f"Enfant reçu :{réponse}")
conn.close()

si __nom__ == "__principal__":
parent_conn, child_conn= Tuyau()  # Deux extrémités
p= Processus(cible=expéditeur,arguments=(child_conn,))
p.start()

   imprimer(f« Le parent a reçu :{parent_conn.recv()}")
   imprimer(f« Le parent a reçu :{parent_conn.recv()}")
parent_conn.send("Salut à toi !")

p.join()
```

Sortir:

```texte
Le parent a reçu : Bonjour de la part de son enfant !
Parent reçu : [1, 2, 3]
Enfant reçu : Salut dos !
```

> Pipe() renvoie**deux objets de connexion**— un pour chaque extrémité.

Queue() – FIFO sécurisée pour les threads/processus

```python
# queue_basic.py
```

```
depuismultiprocesseurimporterProcessus, file d'attente

defproducteur(q):
q.put("Tâche 1")
q.put("Tâche 2")
q.put(Aucun)# Fin du signal

defconsommateur(q):
    alors que Vrai:
        article =q.get()
        si article est Aucun:
            casser
        imprimer(f"Traitement: {article}")

si __nom__ == "__principal__":
q= File d'attente()
p1= Processus(cible=producteur,arguments=(q,))
p2= Processus(cible=consommateur,arguments=(q,))

p1.démarrer()
p2.démarrer()

p1.join()
p2.join()
```

Sortir:

```
texte
Traitement : Tâche 1
Traitement : Tâche 2
```

> La file d'attente est**fil-safe** et **procédé sûr**— Idéal pour plusieurs employés.

JoinableQueue – Suivi de l'achèvement des tâches

python

```
# joinable_queue.py
depuismultiprocesseurimporterProcessus, file d'attente pouvant
être jointe

deftravailleur(q):
   alors que Vrai:
      tâche =q.get()
      si tâche est Aucun:
q.tâche_terminée()
         casser
      imprimer(f« Je travaille sur{tâche}")
q.tâche_terminée()# Marquer comme terminé

si __nom__ == "__principal__":
q=JoinableQueue()
processus=[]

   pour je dans gamme(3):
p= Processus(cible=ouvrier,arguments=(q,))
p.start()
processus.ajouter(p)

# Ajouter des tâches
   pour je dans gamme(10):
q.put(f"Emploi {je}")

q.join()# Attendre que toutes les tâches soient marquées
comme terminées

# Arrêtez les travailleurs
   pour_dansprocessus :
q.put(Aucun)
   pourpdansprocessus :
p.join()
```

q.join() se bloque jusqu'à ce que**tous les appels à task_done()**faire correspondre les appels put().

Mémoire partagée : utilisation de gestionnaires pour les structures de données complexes

Pour **données volumineuses ou complexes**(listes, dictionnaires, classes), la copie via une file d'attente est lente.

Gestionnaire() – Objets partagés sur le réseau

python

```
# manager_shared.py
depuismultiprocesseurimporterProcessus, Gestionnaire

defmise à jour partagée(d, premier):
   d["compter"]+=1
lst.append("Mis à jour")

si __nom__ == "__principal__":
   avec Directeur() comme directeur:
dictionnaire partagé=manager.dict({"compter":0})
liste partagée=gestionnaire.liste()

processus=[]
      pour_dans gamme(5):
p= Processus(cible=mise à
jour_partagée,arguments=(shared_dict, shared_list)
p.start()
processus.ajouter(p)

      pourpdansprocessus :
p.join()

      imprimer(shared_dict)# {'count': 5}
```

```
imprimer(liste_partagée)# ['Mis à jour', 'Mis à jour', ...]
```

Le gestionnaire utilise un**processus serveur**— plus lent mais supporte**tout objet sérigraphiable**.

---

shared_memory – Mémoire brute rapide (Python 3.8+)

python

```
# exemple_mémoire_partagée.py
depuismultiprocesseurimportermémoire_partagée, Processus
importernumpycommepar exemple

defmodifier_tableau(nom_shm, forme):
shm=mémoire_partagée.SharedMemory(nom=nom_shm)
arr=np.ndarray(forme,dtype=par exemple
int64,tampon=shm.buf)
arr+=1
shm.close()

si __nom__ == "__principal__":
# Créer un tableau partagé
   données =np.zeros((1000, 1000),dtype=par exemple int64)
shm=mémoire_partagée.SharedMemory(créer=Vrai,
taille=données.noctets)
arr partagé=np.ndarray((1000, 1000),dtype=par exemple
int64,tampon=shm.buf)
np.copyto(shared_arr, data)

# Processus de lancement
processus=[]
   pour_dans gamme(4):
p= Processus(cible=modifier_tableau,arguments=(shm.nom,
(1000, 1000)))
p.start()
processus.ajouter(p)
```

```
    pourpdansprocessus :
p.join()

    imprimer(f"Valeur finale :{tableau_partagé[0,0]}")# 4
shm.close()
shm.délier()
```

le plus rapidepour les grands réseaux
—**Interdiction de copier**.

Éviter les erreurs courantes : sérialisation, sérialisation et blocages

Erreurs de saumurage

Seulement **saumurable**Les objets peuvent transiter par une file d'attente ou un tuyau.

```
python
# NON sérialisable
defma_fonction():passer
q.put(my_func)# Erreur de sélection !
```

Réparer: Envoyez des données, pas des fonctions.

Exemple de blocage

```python
# deadlock.py - NE FAITES PAS CECI
defp1(q1, q2):
q1.get()# Attends indéfiniment
q2.put("De p1")

defp2(q1, q2):
q2.get()# Attends indéfiniment
q1.put("À partir de p2")

q1, q2= Queue(), Queue()
Processus(cible=p1,arguments=(q1, q2)).démarrer()
Processus(cible=p2,arguments=(q1, q2)).démarrer()
# → IMPASSE : les deux attendent
```

Réparer: Utiliser **temps mort** ou **non bloquant**:

```python
article =q.get(temps mort=5)
```

Fuite de ressources

```python
# MAUVAIS
p= Processus(cible=fonction)
p.start()
# Oublié p.join() → processus zombie
```

Réparer: Toujours joindre() ou terminer().

Établir des modèles de communication résilients

Modèle 1 : Groupe de travailleurs avec résultats

python

```
# worker_pool.py
depuismultiprocesseurimporterProcessus, file d'attente
depuis file d'attente importer Vide

deftravailleur(file d'attente des tâches, file d'attente des
résultats):
    alors que Vrai:
        essayer:
            tâche =file_de_tâches.get(temps mort=1)
            si tâche est Aucun:
                casser
            résultat = tâche * tâche
file_résultat.put((tâche, résultat))
        sauf Vide:
            continuer

si __nom__ == "__principal__":
tâches= File d'attente()
    résultats = File d'attente()

# Début des travailleurs
travailleurs= [Processus(cible=ouvrier,arguments=(tâches,
résultats)pour_dans gamme(4)]
    pour Dans danstravailleurs : w.start()

# Envoyer des tâches
    pour je dans gamme(20):
tâches.put(i)

# Fin du signal
    pour_danstravailleurs :
tâches.put(Aucun)

# Collecter les résultats
collecté={}
    alors queseulement(collecté)<20:
```

```
    essayer:
nombre, carré.=résultats.get(temps mort=1)
collecté[num]=carré
    sauf Vide:
      continuer

  pour Dans danstravailleurs : w.join()
  imprimer(collecté)
```

Modèle 2 : Pipeline (Étape 1 → Étape 2)

python

```
# pipeline.py
depuismultiprocesseurimporterProcessus, file d'attente

defétape 1(in_q, out_q):
  pour article dansitérateur(in_q.get,Aucun):
out_q.put(item**2)

defétape 2(in_q, out_q):
  pour article dansitérateur(in_q.get,Aucun):
out_q.put(f"Résultat: {article}")

si __nom__ == "__principal__":
q1, q2= Queue(), Queue()

p1= Processus(cible=étape 1,arguments=(q1, q2))
p2= Processus(cible=étape 2,arguments=(q2, Queue()))

p1.start(); p2.start()

  pour je dans gamme(5):
q1.put(i)
q1.put(Aucun)

p1.join() ; p2.join()
```

Exercice pratique : Créer un système producteur-consommateur pour le traitement parallèle des données

Construisons un**processeur de journal en temps réel**:

- **Producteur**: Lit les fichiers journaux → envoie des lignes
- **Les consommateurs**Recherche par mots-clés → nombre de correspondances
- **Collectionneur**Résultats agrégés

Structure du projet

texte
```
processeur_de_journalisation/
├── journaux/
│   ├── server1.log
│   ├── server2.log
│   └── ...
├── processeur.py
└── generate_logs.py
```

Étape 1 : Générer les journaux de test

python
```
# générer_journaux.py
importer toi
importeraléatoire

os.makedirs("log_processor/logs", existe_ok=Vrai)
```

```
mots-clés=["ERREUR", "AVERTISSEMENT", "CRITIQUE",
"INFO", "DÉBOGUER"]

pour je dans gamme(5):
   avec ouvrir(f"log_processor/logs/serveur{je}.enregistrer",
"Dans")commef:
      pour_dans gamme(1000):
         niveau =choix aléatoire(mots-clés)
f.écrire(f"[{niveau}] Connexion utilisateur depuis
192.168.1.{aléatoire.aléatoire(1,255)}\n")
```

Étape 2 : processor.py

python

```
# processeur.py
depuismultiprocesseurimporterProcessus, file d'attente,
gestionnaire
depuis file d'attente importer Vide
importer toi
importer temps
depuiscollectionsimporterdefaultdict

defproducteur(répertoire_log, file d'attente des tâches):
   pourracine, _, fichiersdansos.walk(log_dir):
      pourfdansfichiers :
         sif.se termine avec(".enregistrer"):
            chemin =os.path.join(racine, f)
            avec ouvrir(chemin, 'r')comme déposer:
               pour doubler dans déposer:
task_queue.put((chemin, ligne.strip()))
file_de_tâches.put(Aucun)# Fin du signal

defconsommateur(file d'attente des tâches, résultat_dict,
identifiant_travailleur):
nombre_local=defaultdict(int)
   alors que Vrai:
      essayer:
         article =file_de_tâches.get(temps mort=1)
```

```
          si article est Aucun:
            casser
chemin, ligne= article
          pourmot-clédans["ERREUR", "CRITIQUE"]:
            simot-clédans doubler:
local_count[mot-clé]+=1
        sauf Vide:
          continuer

# Envoyer les résultats locaux
    avecresult_dict.get_lock():
        pourk, vdanslocal_count.items():
résultat_dict[k]+=dans

defcollectionneur(résultat_dict):
    alors que Vrai:
        imprimer("Nombre actuel :", dict(résultat_dict)
temps.sommeil(2)
        siseulement(dict(résultat_dict)>0:# Attendre le premier
résultat
          casser

si __nom__ == "__principal__":
    directeur = Directeur()
file d'attente des tâches= File d'attente(taille maximale=1000)
résultat_dict=gestionnaire.dict()

# Démarrer le collecteur
collectionneur_p=
Processus(cible=collectionneur,arguments=(résultat_dict,))
collector_p.start()

# Début des consommateurs
nombre_travailleurs=os.cpu_count()
consommateurs=[]
    pour je dans gamme(nombre_de_travailleurs) :
p= Processus(cible=consommateur,arguments=(file_de_tâches,
dictionnaire_résultats, i))
p.start()
consommateurs.ajouter(p)
```

```
# Début du producteur
producteur_p=
Processus(cible=producteur,arguments=("log_processor/logs",
file_de_tâches))
producteur_p.démarrer()

producteur_p.join()

# Attendre la fin de toutes les tâches
file_de_tâches.join()

# Stop aux consommateurs
   pour_dansconsommateurs :
file_de_tâches.put(Aucun)
   pourpdansconsommateurs :
p.join()

collector_p.terminer()

   imprimer("\nRésultats finaux :)
   pourk, vdanstrié(result_dict.items()):
      imprimer(f"{k}:{dans}")
```

Courir:

```
frapper
pythongénérer_logs.py
pythonprocesseur.py
```

Exemple de sortie :

```
texte
Nombre actuel d'erreurs : {'ERREUR' : 412, 'CRITIQUE' : 198}
...
Résultats finaux :
CRITIQUE : 987
ERREUR : 2013
```

Échelles parfaitementavec des cœurs de processeur.

Applications concrètes

Système	Modèle
robot d'exploration Web	Producteurs → File d'attente URL → Consommateurs → Enregistrer
Encodeur vidéo	Fractionner les images → encoder → fusionner
pipeline de données ML	Charger → prétraiter → entraîner
Analyse des journaux	Ingestion → analyse → alerte
Traitement par lots	Fichiers → transformer → sortie

Erreurs courantes à éviter

Erreur	Réparer
Envoi d'objets non sérialisables	N'envoyer que des données (dictionnaires, listes, types primitifs).
Aucun délai d'attente pour get()	Utilisez timeout=1 pour éviter les blocages.

Oublier task_done()	q.join() ne renvoie jamais
Utilisation du gestionnaire pour les grands tableaux	Utiliser la mémoire partagée
Boucles infinies sans interruption	Utiliser aucun sentinelle

Résumé : Points clés à retenir

1. Utiliser **Tuyau()**pour parent-enfant,**File d'attente()**pour les relations plusieurs-à-plusieurs.
2. **JoinableQueue + tâche_terminée()**= suivi de l'achèvement sécurisé.
3. **Directeur()**pour les dictionnaires/listes partagés,**mémoire partagée**pour les tableaux.
4. **Toujours manipuler les cornichons**— Évitez les lambdas et les fonctions locales.
5. **Utilisez des délais d'attente**pour éviter les blocages.
6. **Pilule empoisonnée (Aucune)**= arrêt propre.
7. **Modèle de collection**= surveillance en temps réel.

Exercices pratiques

Exercice 1 : Téléchargeur de fichiers parallèle

- Producteur : Liste de 100 URL
- Consommateurs : Téléchargez et enregistrez
- Utilisez Queue + tqdm pour le suivi

Exercice 2 : Compteur partagé avec valeur

python
```
depuismultiprocesseurimporter Valeur
comptoir = Valeur('je', 0)
aveccompteur.get_lock() :
compteur.valeur+=1
```

- Compter les nombres premiers en parallèle
- Comparer à Manager.dict

Défi : Nombre de mots distribué

- Entrée : 100 fichiers texte
- Étape 1 : Décomposer en mots
- Étape 2 : Compter par mot
- Utiliser **deux files d'attente** et **Gestionnaire partagé.dict()**
- Afficher les 10 mots les plus fréquents

Chapitre suivant Vous maîtriserez**synchronisation avancée**— serrures, sémaphores et conception sécurisée pour le filetage.

Vous avez maintenant**IPC robuste et évolutif**Construisons des systèmes qui ne se bloquent jamais.

Chapitre 7

Techniques avancées de multithreading et de traitement parallèle

---

Pools de threads et de processus : modèles d'exécution pour les tâches à volume élevé

Créer des threads ou des processus manuellement est**sujet aux erreurs** et **lent**pour des centaines de tâches.**concurrent.futures**fournit**piscines**qui gèrent automatiquement les travailleurs.

Piscine	Utiliser	Module
Exécuteur de pool de threads	Liaison E/S	concurrent.futures
ProcessPoolExecutor	Limité par le processeur	concurrent.futures

---

ThreadPoolExecutor – Fils réutilisables

python

```
# thread_pool.py
```

```
depuisconcurrent.futuresimporterThreadPoolExecutor,
as_completed
importerdemandes
importer temps

def aller chercher(URL):
  essayer:
    réponse =requêtes.get(url,temps mort=5)
    retourf"{URL}:{réponse.code_statut}"
  sauf Exception commeet:
    retourf"{URL}: ERREUR - {et}"

URL=[f"https://httpbin.org/delay/{je}" pour je dans[1, 2, 1, 3]]

avecThreadPoolExecutor(max_travailleurs=4)commeexécuteur
testamentaire :
# Option 1 : map()
  résultats = liste(executor.map(fetch, urls))
  imprimer("carte():", résultats)

# Option 2 : submit() + as_completed()
avenirs=[executor.submit(fetch, url)pourURLdansURL]
  pour avenir danscomme_completed(futures):
    imprimer("as_completed():", futur.résultat())
```

Sortir:

```
texte
map(): ['https://httpbin.org/delay/1: 200', ...]
as_completed(): https://httpbin.org/delay/1: 200
...
```

> max_workers = nombre de**threads simultanés**. Définir sur**10–50**pour le web scraping.

ProcessPoolExecutor – Processus réutilisables

python
```
# process_pool.py
depuisconcurrent.futuresimporterProcessPoolExecutor
importer mathématiques

defest_premier(n):
  sin<=1:retour FAUX
  pour je dans gamme(2, int(math.sqrt(n))+1):
    sin% je ==0:retour FAUX
  retour Vrai

nombres=[112272535095293, 112582735095293]*10

avecProcessPoolExecutor()commeexécuteur testamentaire :
  résultats = liste(exécuteur.map(est_premier, nombres))

imprimer(f"Primes :{somme(résultats)}")
```

> **Pas de Gil**— utilisation maximale du processeur.

---

as_completed() vs map()

Méthode	Commande	Utiliser
carte()	Identique à l'entrée	Prévisible
comme_terminé()	Le plus rapide en premier	Commentaires en temps réel

---

Primitives de synchronisation : verrous, sémaphores, événements et variables de condition

Verrouillage – Empêcher les conditions de course

python

```
# lock_example.py
importerenfilage

comptoir =0
verrouillage =threading.Lock()

defincrément():
   mondial comptoir
   pour_dans gamme(100 000):
      avec verrouillage:
         comptoir +=1

fils=[threading.Thread(cible=incrément)pour_dans gamme(10)]
pourtdansthreads: t.start()
pourtdansthreads: t.join()

imprimer(f"Comptoir: {comptoir}")# 1 000 000
```

RLock – Verrou à réentrée

python

```
verrouillage =threading.RLock()
```

```
defextérieur():
    avec verrouillage:
        imprimer("Extérieur")
        intérieur()

def intérieur():
    avec verrouillage:  # OK avec R-Verrouillage
        imprimer("Intérieur")
```

Sémaphore – Limiter l'accès concurrent

python

```
# exemple_sémaphore.py
importerenfilage

comme=threading.Semaphore(3)# Seulement 3 threads à la
fois

deftâche_limitée():
    aveccomme:
        imprimer(f"{threading.current_thread().name} en cours
d'exécution")
temps.sommeil(2)

pour je dans gamme(10):
threading.Thread(cible=tâche_limitée,nom=f"T{je}").commencer
()
```

> Utilisation pour**limitation de débit**, **connexions à la base de données**, ou **Limitation du débit des API**.

Événement – Signal entre les threads

python

```
# event_example.py
importerenfilage
importer temps

événement =threading.Event()

def serveur():
   imprimer("En attendant...")
événement.attendre()# Blocs
   imprimer("Reprise !")

defsignaux():
temps.sommeil(3)
événement.set()# Débloquer tout

threading.Thread(cible=serveur).démarrer()
threading.Thread(cible=signaux).start()
```

Condition – Attendre avec prédicat

python
```
# condition_example.py
importerenfilage

condition =condition de threading()
articles =[]

defproducteur():
   avec condition:
articles.ajouter("données")
condition.notifier()# Réveillez un consommateur

defconsommateur():
   avec condition:
bien que non articles:
condition.attendre()# Attendre efficacement
      imprimer("Consommé :", items.pop())
```

```
threading.Thread(cible=consommateur).démarrer()
temps.sommeil(1)
threading.Thread(cible=producteur).démarrer()
```

Approches hybrides : combiner le multithreading et le multiprocessing

Utiliser **filetage pour E/S**, **processus pour le processeur**.

python
```
# hybride.py
depuisconcurrent.futuresimporterThreadPoolExecutor,
ProcessPoolExecutor
importerdemandes
importerjson

defpage de récupération(URL):
   retourrequêtes.get(url).json()

defanalyser_données(données):
# Forte consommation de ressources CPU
   retourseulement(json.dumps(données))

defpipeline_hybride(URL):
   avecThreadPoolExecutor(max_travailleurs=10)commepool
de threads :
      avecProcessPoolExecutor()commepool de processus :
# Étape 1 : Récupération en parallèle (E/S)
récupérer_futures=[thread_pool.submit(fetch_page,
url)pourURLdansURL]
```

```
# Étape 2 : Analyse en parallèle (CPU)
analyser_futures=[]
        pourfdansrécupérer_futures :
parse_futures.append(process_pool.submit(parse_data,
f.result()))

        retour[f.résultat()pourfdansanalyser_futures]

URL=[f"https://httpbin.org/json"]*20
résultats =pipeline_hybride(urls)
imprimer(résultats)
```

Le meilleur des deux mondes: E/S rapides + processeur complet.

Applications concrètes : Extraction de données Web avec requêtes simultanées

Cas d'utilisation : Extraire les données de plus de 1 000 pages produits

python

```
# scraper_real.py
depuisconcurrent.futuresimporterThreadPoolExecutor,
as_completed
importerdemandes
depuisbs4importerBelle Soupe
importercsv
importer temps

defscrape_product(URL):
   essayer:
en-têtes={"User-Agent":"Mozilla/5.0"}
```

```
        réponse =requêtes.get(url,en-têtes=en-têtes,temps
mort=10)
        soupe =BeautifulSoup(response.text,'html.parser')

        titre
=soupe.trouver("h1").text.strip()sisoupe.trouver("h1")autre "N /
A"
        prix
=soupe.trouver(classe_="prix")ousoupe.trouver("méta",
propriété="prix")
        prix =prix.texte.strip()si prix autre "N / A"

        retour{"url": url,"titre": titre, "prix": prix}
    sauf Exception commeet:
        retour{"url": url,"erreur":str(et)}

defenregistrer_au_csv(données, nom de fichier="produits.csv"):
clés= données[0].clés()
    avec ouvrir(nom de fichier, 'Dans', nouvelle ligne='',
codage='utf-8')commef:
écrivain=csv.DictWriter(f,noms de champs=clés)
écrivain.écrireheader()
écrivain.écrivain(données)

# Simuler 100 URL
URL=[f"https://httpbin.org/delay/1"]*100# Remplacez par de
vraies URL

commencer =temps.temps()
avecThreadPoolExecutor(max_travailleurs=20)commeexécuteu
r testamentaire :
avenirs=[executor.submit(scrape_product,
url)pourURLdansURL]
    résultats =[]
    pour avenir danscomme_completed(futures):
résultats.append(future.result())

enregistrer_au_csv(résultats)
```

```
imprimer(f« Gratté »{seulement(résultats)}pages
dans{temps.temps()-commencer:.2f}s")
```

Sites réels Ajoutez des délais, faites tourner les proxys, respectez le fichier robots.txt.

Exercice pratique : Développer un scraper Web multithread capable de traiter plus de 100 URL simultanément

Construisons un**grattoir robuste** avec:

- barre de progression
- logique de nouvelle tentative
- Exportation CSV
- limitation de débit
- Gestion des erreurs

Structure du projet

texte

```
web_scraper/
├── scraper.py
├── urls.txt
└── sortie/
```

---

urls.txt – Entrée

texte

```
https://httpbin.org/delay/1
https://httpbin.org/delay/2
https://httpbin.org/status/404
...
```

---

scraper.py

python

```
# scraper.py
depuisconcurrent.futuresimporterThreadPoolExecutor,
as_completed
importerdemandes
depuisbs4importerBelle Soupe
importercsv
importer temps
importeraléatoire
depuistqdmimportertqdm
importer toi

# Configuration
MAX_TRAVAILLEURS=15
ESSAIS RÉESSAISES=3
PLAGE_DÉLAI=(0,5, 2.0)# Délai aléatoire entre les requêtes
OUTPUT_CSV="output/results.csv"
os.makedirs("sortir", existe_ok=Vrai)

defrécupérer avec réessayer(URL):
en-têtes={
"User-Agent":"Mozilla/5.0 (Windows NT 10.0; Win64; x64)
AppleWebKit/537.36"
}
   pour tentative dans gamme(ESSAIS RÉESSAISES):
      essayer:
temps.sommeil(aléatoire.uniforme(*PLAGE_DÉLAI))# Soyez
respectueux
         réponse =requêtes.get(url,en-têtes=en-têtes,temps
mort=10)
réponse.raise_for_status()
```

```
            retour réponse
        sauf Exception commeet:
            si tentative ==ESSAIS RÉESSAISES-1:
                retour Aucun
temps.sommeil(1)
    retour Aucun

defscrape_url(URL):
    réponse =récupérer_avec_nouvelle_tentative(url)
    sinon réponse:
        retour{"url": url,"statut":"ÉCHOUÉ", "titre":"",
"content_length":0}

    soupe =BeautifulSoup(response.text,'html.parser')
    titre =soupe.trouver("titre")
    titre =titre.texte.strip()si titre autre"Sans titre"

    retour{
"url": url,
        "statut": réponse.code_statut,
        "titre": titre,
"content_length":seulement(response.content)
}

defcharger_urls(nom de fichier="urls.txt"):
    avec ouvrir(nom de fichier, 'r')commef:
        retour[ligne.strip()pour doubler dansfsiligne.strip()]

defenregistrer_résultats(résultats, nom de
fichier=OUTPUT_CSV):
    sinon résultats:
        retour
clés= résultats[0].clés()
    avec ouvrir(nom de fichier, 'Dans', nouvelle ligne='',
codage='utf-8')commef:
écrivain=csv.DictWriter(f,noms de champs=clés)
écrivain.écrireheader()
écrivain.écrivain(résultats)

def principal():
```

```
URL=charger_urls()
   imprimer(f« Grattage »{seulement(URL)}URL
avec{MAX_WORKERS}fils...\n")

   résultats =[]

avecThreadPoolExecutor(max_travailleurs=MAX_TRAVAILLEU
RS)commeexécuteur testamentaire :
avenirs={executor.submit(scrape_url, url):
urlpourURLdansURL}

      pour avenir
danstqdm(as_completed(futures),total=seulement(URL),desc="
Progrès"):
         résultat =futur.résultat()
résultats.ajouter(résultat)

enregistrer_résultats(résultats)
   imprimer(f"\nTerminé ! Résultats enregistrés
dans{OUTPUT_CSV}")

   # Résumé
   succès = somme(1 pourrdans résultats sir["statut"]==200)
   imprimer(f"Succès: {succès}/{seulement(URL)}")

si __nom__ == "__principal__":
# Générer des exemples d'URL.txt
   sinonos.path.existe("urls.txt"):
      avec ouvrir("urls.txt", "Dans")commef:
         pour je dans gamme(1, 101):
            retard = (je %3)+1
            statut =200 si je %10!=0 autre404
f.écrire(f"https://httpbin.org/delay/{retard}\n")
            si statut ==404:
f.écrire(f"https://httpbin.org/status/404\n")

   principal()
```

Courir:

frapper
pythonscraper.py

Sortir:

texte
Extraction de données de 110 URL avec 15 threads...

Progression : 100 % | 110/110 [00:45 < 00:00, 2,42 it/s]

Terminé ! Les résultats ont été enregistrés dans le fichier output/results.csv.
Succès : 99/110

Caractéristiques:

- Réessayer en cas d'échec
- Délai aléatoire (politesse)
- barre de progression
- Exportation CSV
- Journalisation des erreurs

Erreurs courantes à éviter

Erreur	Réparer
Trop de sujets	Utiliser 10 à 50 max.
Aucun retard	Ajouter time.sleep(aléatoire)

Aucune nouvelle tentative	Utilisez des requêtes avec tentatives de nouvelle tentative
Résultat bloquant()	Utilisez as_completed()
Aucun agent utilisateur	Obtient le blocage
Extraction de données sans autorisation	Vérifiez le fichier robots.txt

---

Applications concrètes

Projet	Technique
surveillance des prix	Pool de threads + CSV
audit SEO	Hybride : récupération (thread) → analyse (processus)
Agrégateur de nouvelles	Pool de threads + base de données
Interrogation de l'API	Sémaphore + nouvelle tentative
Suivi des actions	Événement + condition

Résumé : Points clés à retenir

1. Utiliser **Exécuteur de pool de threads**pour les E/S,**ProcessPoolExecutor**pour le processeur.

2. as_completed() →**résultats en temps réel**.
3. **Sémaphore**= limitation de débit.
4. **Événement/Condition**= coordination.
5. **Hybride**= meilleures performances.
6. **Extraction de données Web**besoins : nouvelle tentative, délai, en-têtes, progression.
7. Toujours **enregistrer les résultats intermédiaires**.

Exercices pratiques

Exercice 1 : Extracteur de données d'API à débit limité

- Utilisez Semaphore(5) pour limiter à 5 requêtes/seconde
- Extraction de données via l'API GitHub : https://api.github.com/users/octocat
- Enregistrer les données utilisateur

Exercice 2 : Téléchargeur et redimensionneur d'images hybride

- Pool de threads : télécharger 100 images
- Pool de processus : redimensionner à 800x600
- Enregistrer avec _resized.jpg

Défi : Surveillance en temps réel des cours boursiers

- Fil 1 : Récupérer les prix toutes les 5 secondes
- Fil 2 : Alerte si la variation est supérieure à 5 %
- Utilisez la condition pour signaler

- Tracer un graphique en direct avec matplotlib

python
```
importermatplotlib.pyplotcommeplt
plt.ion()# Mode interactif
```

Chapitre suivant Vous apprendrez**débogage, profilage et optimisation**— Comment trouver et corriger les goulots d'étranglement dans le code concurrent.

Vous construisez maintenant**systèmes concurrents de qualité industrielle**Faisons en sorte qu'ils soient rapides et fiables.

Chapitre 8

Débogage, profilage et optimisation : rendre votre code infaillible

---

Bugs courants : conditions de concurrence, blocages et fuites de ressources

La concurrence introduit**non déterministe**des bogues — votre code peut fonctionner 99 fois, puis échouer.

1. Conditions de course

Deux threads modifient des données partagées sans synchronisation.

python
```
# race_condition.py
importerenfilage

équilibre =100
verrouillage =threading.Lock()

def dépôt(montant):
   mondial équilibre
temp= équilibre
temp+= montant
```

```
   équilibre =temp# ← Course ici

def retirer(montant):
   mondial équilibre
temp= équilibre
temp-= montant
   équilibre =temp# ← Course ici

fils=[
threading.Thread(cible=dépôt, arguments=(50,))pour_dans
gamme(100)
]+[
threading.Thread(cible=retirer, arguments=(30,))pour_dans
gamme(100)
]

pourtdansthreads: t.start()
pourtdansthreads: t.join()

imprimer(f"Solde final :{équilibre}")# Attendu : 3000 → souvent
faux !
```

Résultat (variable) :

```
texte
Solde final : 2870
```

Réparer:

```
python
def dépôt(montant):
   avec verrouillage:
      mondial équilibre
      équilibre += montant
```

---

2. Impasse

Deux fils s'attendent l'un l'autre.**pour toujours**.

python
```
# deadlock.py
importerenfilage

verrou1=threading.Lock()
verrou2=threading.Lock()

deffil_a():
   avecverrou1 :
      imprimer("A a verrouillé1")
      avecverrou2 :# ← Attend que B se libère
         imprimer("A possède les deux")

deffil_b():
   avecverrou2 :
      imprimer("B a verrouillé2")
      avecverrou1 :# ← Attend que A se libère
         imprimer("B a les deux")

threading.Thread(cible=thread_a).start()
threading.Thread(cible=thread_b).start()
# → Reste suspendu pour toujours
```

Réparer: Toujours acquérir des serrures dans**même commande**:

python
```
deffil_a():
   avecverrou1 :
      avecverrou2 :
...
deffil_b():
   avecverrou1 :# ← Même ordre
      avecverrou2 :
...
```

---

3. Fuite de ressources

Oubli de joindre() ou de fermer les ressources.

python
```
# fuite.py
depuismultiprocesseurimporter Processus

deftravailleur():
    passer

pour_dans gamme(1000):
p= Processus(cible=travailleur)
p.start()
# J'ai oublié p.join() → 1000 processus zombies !
```

Réparer:

python
```
p.join()# ou p.terminate()
```

Outils de débogage : journalisation, traces d'exécution et visualiseurs

1. Journalisation – Mieux que print()

python
```
# logging_setup.py
importerjournalisation
importerenfilage
```

```
logging.basicConfig(
   niveau=enregistrement.DÉBOGUER,
format='%(threadName)s-%(message)s'
)

deftravailleur():
logging.debug("Départ")
logging.info("Traitement...")
logging.debug("Fait")

threading.Thread(cible=ouvrier,nom=« Ouvrier-1
»).commencer()
```

Sortir:

```
texte
Ouvrier-1 - Démarrage
Ouvrier-1 - Traitement...
Ouvrier-1 - Terminé
```

> Utilisez DEBUG, INFO, WARNING, ERROR, CRITICAL.

---

2. Tracebacks dans les threads

```
python
# traceback_thread.py
importerenfilage
importertraceback

defbuggy():
   augmenterErreur de valeur(Oups !)

defemballage():
   essayer:
buggé()
```

```
    sauf Exception:
journalisation.erreur("Échec du thread", exc_info=Vrai)

threading.Thread(cible=wrapper).start()
```

Sortir:

```
texte
ERREUR :root :Échec du thread
Traceback (appel le plus récent en dernier) :
Fichier "...", ligne X, dans wrapper
buggé()
Fichier "...", ligne Y, dans buggy
lever ValueError("Oups !")
ValueError : Oups !
```

---

3. Débogueurs visuels

- **PyCharm/ VS Code**: Définir des points d'arrêt dans les threads
- **pdb dans les fils**:

```
python
importerpdb; pdb.set_trace()# Met en pause tous les threads
```

Profilage des performances : Mesure des gains de vitesse et des goulots d'étranglement

1. time.perf_counter() – Minuteur de haute précision

python
```
# timing.py
importer temps

commencer =temps.compteur_perf()
temps.sommeil(1)
s'est écoulé=temps.compteur_perf()- commencer
imprimer(f"Écoulé :{s'est écoulé:.4f}s")
```

---

2. cProfile – Profilage au niveau fonctionnel

python
```
# profile_example.py
importercProfil
depuismultiprocesseurimporter Piscine

def lent(n):
   total =0
   pour je dans gamme(n) :
      total += je **2
   retour total

def principal():
   avec Piscine() comme piscine:
pool.map(lent, [100 000]*8)

cProfile.run('principal()')
```

Sortir:

texte
```
800 004 appels de fonction en 2,123 secondes
ncalls temps total par appel temps cumulé par appel nom de fichier : numéro de ligne (fonction)
8 2,120 0,265 2,120 0,265 {lent}
```

---

3. line_profiler – Analyse ligne par ligne

Installer:

frapper

```
pépininstaller line_profiler
```

Décorer:

python

```
@profil
def lent(n):
    total =0
    pour je dans gamme(n) :
        total += je **2# ← Ligne directe
    retour total
```

Courir:

frapper

```
kernprof-lscript.py
python-mscript line_profiler py.lprof
```

---

4. memory_profiler – Utilisation de la mémoire

python

```
# memory_example.py
depuisprofileur de mémoireimporter profil

@profil
defmanger_mémoire():
    retour[0]*(10**7)

manger_mémoire()
```

Sortir:

texte

```
Ligne # Utilisation de la mémoire Incrément Occurrences
Contenu de la ligne
=======================================================
=============
5 50,0 Mio 50,0 Mio 1 @profile
6 def eat_memory():
7 126,0 Mio 76,0 Mio 1 retour [0] * (10 ** 7)
```

Conseils d'optimisation : Réduction des frais généraux et passage aux systèmes multicœurs

Conseil	Exemple
Associer les travailleurs aux noyaux	travailleurs = os.cpu_count()
Utilisez imap() au lieu de map()	Paresseux → mémoire réduite
Décomposer les tâches importantes	Diviser 1 million d'éléments en groupes de 1000 éléments
Évitez les variables globales	Transmettre les données via les arguments
Utiliser la mémoire partagée	Impossible de copier de grands tableaux

---

Exemple de segmentation

python

```
# chunking.py
depuismultiprocesseurimporter Piscine
importer mathématiques

defprocess_chunk(gros morceau):
    retour somme(math.sqrt(x)pourxdansmorceau)

données = liste(gamme(1 000 000))
taille_du_morceau=10 000
morceaux=[données[i:i+taille_du_morceau]pour je dans
gamme(0, seulement(données), taille_du_morceau)]

avec Piscine() comme piscine:
    résultats =pool.map(process_chunk, chunks)
imprimer(somme(résultats))
```

Exercice pratique : Déboguer et optimiser une application multiprocessus défectueuse pour doubler sa vitesse.

Réparons un**analyseur de journaux défectueux en conditions réelles**.

Code défectueux (faulty_analyzer.py)

python

```
# analyseur_défectueux.py
depuismultiprocesseurimporter Piscine
importer concernant
importer toi

defcompter_erreurs(fichier journal):
nombre d'erreurs=0
    avec ouvrir(fichier_journal)commef:
```

```
        pour doubler dansf:
            si "ERREUR" dans doubler:  # ← Recherche de chaînes
lente
nombre d'erreurs+=1
    retournombre d'erreurs

si __nom__ == "__principal__":
fichiers journaux=[f"logs/app{je}.enregistrer" pour je dans
gamme(100)]

    avec Piscine(processus=16)comme piscine:  # ← Trop
nombreux !
        résultats =pool.map(count_errors, log_files)

    imprimer(f"Nombre total d'erreurs :{somme(résultats)}")
```

Problèmes :

1. Trop de processus (16 sur 4 cœurs → surcharge)
2. Erreur lente dans la file d'attente
3. Aucune gestion des erreurs
4. Aucun progrès
5. Mémoire élevée (100 fichiers ouverts simultanément)

Étape 1 : Profilage

python

```
# Ajouter en haut
importercProfil
cProfile.run('__import__("faulty_analyzer").main()')
```

Résultat:count_errors domine, mais**changement de contexte**diminue les performances.

Étape 2 : Version optimisée (optimized_analyzer.py)

python

```
# analyseur_optimisé.py
depuismultiprocesseurimporterPool, nombre de processeurs
importer concernant
importer toi
depuistqdmimportertqdm

# Précompiler l'expression régulière
MODÈLE_ERREUR=recompile(r"\bERREUR\b")

defcompter_erreurs(fichier journal):
    essayer:
        avec ouvrir(fichier_journal,'r', codage='utf-8',
erreurs='ignorer')commef:
            retour somme(1 pour doubler
dansfsiMODÈLE_ERREUR.rechercher(ligne))
    sauf Exception commeet:
        imprimer(f"Erreur de lecture{fichier journal}:{et}")
        retour0

defcarte segmentée(piscine, fonction, articles, taille des
morceaux=10):
"""imap avec barre de progression"""
    résultats =[]
    avectqdm(total=seulement(articles), desc="Traitement des
journaux")commepbar :
        pour résultat danspool.imap(fonction, éléments,taille des
morceaux=taille du morceau) :
résultats.ajouter(résultat)
pbar.update(1)
    retour résultats

def principal():
os.makedirs("bûches", existe_ok=Vrai)

# Générer des journaux factices
    sinonos.listdir("bûches"):
```

```
    pour je dans gamme(100):
        avec ouvrir(f"logs/app{je}.enregistrer", "Dans")commef:
            pourjdans gamme(10000):
                niveau = "ERREUR" sij%10==0 autre"INFO"
f.écrire(f"[{niveau}] Événement {j}\n")

fichiers journaux=[f"logs/app{je}.enregistrer" pour je dans
gamme(100)]
travailleurs=cpu_count()
taille des morceaux=max(1,
seulement(fichiers_journaux)//(travailleurs)*4))

  imprimer(f"En utilisant {ouvriers}travailleurs, taille du
morceau={taille des morceaux}")

  avec Piscine(processus=travailleurs)comme piscine:
    résultats =chunked_map(pool, count_errors, log_files,taille
des morceaux=taille du morceau)

  total = somme(résultats)
  imprimer(f"\nNombre total de lignes d'erreur :{total}")

si __nom__ == "__principal__":
  importer temps
  commencer =temps.temps()
  principal()
  imprimer(f"Temps: {temps.temps()- commencer:.2f}s")
```

Étape 3 : Exécuter et comparer

Version	Temps	Accélération
Défectueux	~18,2 s	1.0x
Optimisé	~7,8s	**2,3x**

Gains :

- **Expression régulière**→ 30 % plus rapide que dans
- **Moins de travailleurs**→ moins de frais généraux
- **taille du bloc IMAP**→ mémoire inférieure
- **barre de progression**→ utilisabilité
- **Gestion des erreurs**→ robustesse

Applications concrètes

Système	Outil
Serveur Web	travailleurs gunicorn + uvicorn
pipeline de données	Flux d'air + multitraitement
Formation en apprentissage automatique	Rayon + profilage
Serveur de jeu	Un fil de discussion par joueur + verrouillage

---

Erreurs courantes à éviter

Erreur	Réparer
Trop de travailleurs	Utilisez cpu_count()
Enfiler sur de grandes lignes	Utilisez les expressions régulières
Aucune taille de morceau	Définir la longueur de (données) // (travailleurs * 4)
map() sur des données énormes	Utilisez imap()
Ignorer les exceptions	Enveloppez dans try/except

Résumé : Points clés à retenir

1. **Course**→ utiliser le verrou**Impasse**→ même ordre de verrouillage**Fuir**→ toujours joindre()
2. **Journalisation**, pas d'impression
3. **Profil avec cProfile**, profileur de ligne, profileur de mémoire
4. **Optimiser**:
    - Associer les travailleurs aux noyaux
    - Utilisez imap() + chunksize
    - Expression régulière précompilée
    - Gérer les erreurs
5. **Une accélération de 2x est possible**avec de petites modifications.

Exercices pratiques

Exercice 1 : Trouver l'interblocage

Corrigez ce code :

python
```
verrouiller_a=threading.Lock()
verrouiller_b=threading.Lock()

deffonction1():avecverrouiller_a :avecverrouiller_b :...
deffonction2():avecverrouiller_b :avecverrouiller_a :...
```

Exercice 2 : Profilage d'un scraper

- Extraire les données de 100 URL
- Utiliser cProfile
- Trouver la fonction la plus lente
- Optimisez-le

Défi : Pool à mise à l'échelle automatique

- Surveillez l'utilisation du processeur avec psutil
- Ajustement dynamique du nombre maximal de travailleurs
- Ajouter/supprimer des travailleurs en fonction de la charge

python
```
importerpsutil
sipsutil.cpu_percent()>80:
réduire_travailleurs()
```

Chapitre suivant Vous écrirez**code concurrent prêt pour la production**— meilleures pratiques, tests, déploiement.

Vous avez maintenant**à toute épreuve, rapide, débogable**Applications simultanées. On y va !

Chapitre 9

Bonnes pratiques et prochaines étapes : écrire du code évolutif et prêt pour la production

---

Principes de conception pour une concurrence propre et efficace

La concurrence est puissante — mais**complexe**Suivez ces principes pour maintenir votre code.**faire le ménage**, **rapide**, et **maintenable**.

1. Privilégier les outils de haut niveau

Mauvais	Bien
Fil manuel(cible=...)	Exécuteur de pool de threads
Processus brut	ProcessPoolExecutor
file d'attente.File d'attente partout	concurrent.futures

python
```
# Bien : Niveau élevé
avecThreadPoolExecutor()comme piscine:
```

```
résultats =pool.map(fetch, urls)
```

---

2. Minimiser l'état partagé

Variables partagées →**conditions de course**.

RègleTransmettre les données via les arguments, renvoyer les résultats.

python
```
# Mauvais : Mondial
comptoir =0
definc():mondialcomptoir; comptoir+=1

# Bien : Fonction pure
definc(comptoir):retour comptoir +1
```

---

3. Échouer rapidement, consigner clairement

python
```
importerjournalisation
logging.basicConfig(niveau=enregistrement.INFO)

defdivision_sûre(un, b):
   essayer:
      retour un /b
   saufErreur de division par zéro:
journalisation.erreur(Division par zéro : a=%s, b=%s", a, b)
      retour Aucun
```

---

4. Utilisez les délais d'attente partout

python
```
# File d'attente
article =q.get(temps mort=5)
```

```
# Demandes
requêtes.get(url,temps mort=10)

# Processus joint
p.join(temps mort=30)
sip.is_alive():
p.terminer()
```

---

5. Conception pour un arrêt en douceur

```
python
# shutdown.py
importersignal
importerenfilage

événement stop=threading.Event()

defgestionnaire_de_signaux(signe, cadre):
logging.info(« Fermeture en cours... »)
stop_event.set()

signal.signal(signal.SIGINT, gestionnaire_de_signal)

bien que nonstop_event.is_set():
temps.sommeil(1)
```

Considérations de sécurité : code thread-safe et gestion des erreurs

Sans danger pour les fils ≠ Sécurisé

Les bugs de concurrence peuvent être**exploité**.

Exemple : TOCTOU (Time-of-Check to Time-of-Use)

python

```
# Vulnérable
sios.path.existe("/tmp/data"):
   avec ouvrir("/tmp/data")commef:
      données =f.lire()# ← Fichier remplacé !
```

Réparer:

python

```
avec ouvrir("/tmp/data", "r+")commef:
   données =f.lire()# Atomique
```

Validation des entrées dans les travailleurs

python

```
defimage_traitement(chemin):
   sinonchemin.se termine(('.jpg', '.png')):
      augmenterErreur de valeur(« Image invalide »)
# Vous pouvez continuer en toute sécurité
```

Limites des ressources

python

```
# Limiter la mémoire par processus
importerressource
ressource.setrlimit(ressource.RLIMIT_AS, (2**30, 2**30))# 1 Go
```

Passage à l'échelle supérieure : Intégration avec des frameworks (par exemple, Flask, Django)

Flask + Gunicorn (Multi-processus)

```bash
# Exécuter avec 4 travailleurs
licorneapplication:app-w 4 -ksynchroniser
```

```python
# app.py
depuisfioleimporterFlasque
importerconcurrent.futures

application=Flasque(__nom__)
exécuteur
testamentaire=concurrent.futures.ThreadPoolExecutor()

@app.route('/gratter')
defgratter():
URL=["https://example.com"]*10
    avecexécuteur testamentaire :
        résultats = liste(executor.map(fetch, urls))
    retour{"résultats": résultats}
```

Django + Celery (Tâches asynchrones)

```python
# tâches.py
depuiscéleriimportertâche_partagée
depuisconcurrent.futuresimporterExécuteur de pool de threads

@shared_task
defimages_de_traitement(chemins_image):
    avecThreadPoolExecutor()comme piscine:
pool.map(resize_image, image_paths)
```

```python
# vues.py
def télécharger(demande):
chemins=enregistrer_images(demande.FICHIERS)
process_images.delay(chemins)# Déchargement
    retourrediriger('succès')
```

Pérenniser l'avenir : Aperçus et ressources communautaires d'AsyncIO

AsyncIO – Concurrence de la boucle d'événements

python

```
# asyncio_basic.py
importerasynchrone
importeraiohttp

définition asynchrone aller chercher(session, URL):
asynchrone avecsession.get(url)commeréponse :
attendre le retourresp.texte()

définition asynchrone principal():
asynchrone avecaiohttp.ClientSession()comme session:
tâches=[récupérer(session,f"https://httpbin.org/delay/1")pour_d
ans gamme(10)]
attendreasyncio.gather(*tâches)

asyncio.run(main())
```

> **Monofiletage**, **E/S non bloquantes**→ Plus de 1000 requêtes/seconde.

Quand utiliser quoi ?

Tâche	Outil

Extraction de données Web	Exécuteur de pool de threads
Calculs du processeur	ProcessPoolExecutor
Plus de 1000 HTTP	asyncio + aiohttp
emplois de fond	Céleri

Ressources communautaires

Ressource	Lien
Documentation Python	docs.python.org/3/library/concurrent
Vrai Python	realpython.com/python-concurrence
Conférences PyCon	Rechercher « Concurrence Python »
GitHub	Python/CPython

Projet de fin d'études : Créer une application entièrement parallèle (par exemple, un processeur d'images par lots)

Construisons**Flux d'images**— un processeur d'images par lots de qualité industrielle.

Caractéristiques

- Redimensionner, convertir, filigrane
- Interface de ligne de commande (CLI) + fichier de configuration
- Téléchargement multithread + redimensionnement multiprocessus
- barre de progression
- Enregistrement
- résilience aux erreurs
- Rapport de sortie

Structure du projet

texte

```
flux d'images/
├── config.yaml
├── imageflow.py
├── processeurs/
│   ├── downloader.py
│   ├── redimensionneur.py
│   └── filigrane.py
├── journaux/
└── sortie/
```

---

config.yaml

yaml

```
URL d'entrée:
-"https://picsum.photos/800/600"
-"https://picsum.photos/1200/900"
# ... 100 URL

répertoire de sortie:"sortir"
taille cible: [800, 600]
format:"JPEG"
```

filigrane:© 2025
max_downloads:20
max_resizes:4

---

processeurs/téléchargeur.py

python

```
# processeurs/téléchargeur.py
importerdemandes
depuisconcurrent.futuresimporterThreadPoolExecutor,
as_completed
importer toi
depuistqdmimportertqdm

deftélécharger_image(URL, répertoire de sortie):
  essayer:
os.makedirs(répertoire_sortie,existe_ok=Vrai)
    nom de fichier =os.path.join(output_dir,
url.split("/")[-1].diviser("?")[0]+".jpg")
    sios.path.exists(nom_de_fichier):
      retour nom de fichier, "IGNORÉ"

    réponse =requêtes.get(url,temps mort=10)
réponse.raise_for_status()
    avec ouvrir(nom de fichier, "wb")commef:
f.écrire(réponse.contenu)
    retour nom de fichier, "TÉLÉCHARGÉ"
  sauf Exception commeet:
    retourURL,f"ERREUR: {et}"

deftélécharger_tout(URL, répertoire de sortie,
max_travailleurs=20):
  résultats =[]

avecThreadPoolExecutor(max_travailleurs=max_travailleurs)co
mmeexécuteur testamentaire :
avenirs={executor.submit(download_image, url, output_dir):
urlpourURLdansURL}
```

```
    pour avenir
danstqdm(as_completed(futures),total=seulement(URL),desc="
Téléchargement"):
résultats.append(future.result())
   retour résultats
```

---

processeurs/redimensionneur.py

python

```
# processeurs/resizer.py
depuisPIL importerImage, ImageDraw, ImageFont
depuisconcurrent.futuresimporterProcessPoolExecutor
importer toi
depuistqdmimportertqdm

defredimensionner_et_filigrane(arguments):
chemin_entrée, répertoire_sortie, taille, format,
filigrane=arguments
   essayer:
      avecImage.open(chemin_entrée)commeimage :
image=img.redimensionner(taille, Image.LANCZOS)
         sifiligrane :
            dessiner =ImageDraw.Draw(img)
police=ImageFont.load_default()
largeur_texte=dessiner.longueur du texte(filigrane,fonte=fonte)
            position =(largeur de l'image-largeur_texte-10,
hauteur de l'image-30)
dessiner.texte(position, filigrane,remplir=(255, 255, 255,
128),fonte=fonte)

chemin_de_sortie=os.path.join(output_dir,
os.path.basename(input_path))
chemin_de_sortie=os.path.splitext(output_path)[0]+f".{fmt.lower
()}"
img.save(output_path, fmt)
      retourchemin_de_sortie,"TRAITÉ"
   sauf Exception commeet:
      retourchemin_entrée,f"ERREUR: {et}"
```

```
defimages_de_traitement(entrées, répertoire de sortie, taille,
fmt, filigrane, max_travailleurs=Aucun):
    simax_travailleursest Aucun:
max_travailleurs=os.cpu_count()

tâches=[(chemin, répertoire_sortie, taille, format, filigrane)pour
chemin, _ dansentréessi"TRAITÉ"pas dans_[1]]

    résultats =[]

avecProcessPoolExecutor(max_travailleurs=max_travailleurs)c
ommeexécuteur testamentaire :
        pour résultat
danstqdm(executor.map(resize_and_watermark,
tâches),total=seulement(tâches),desc="Traitement"):
résultats.ajouter(résultat)
    retour résultats
```

---

imageflow.py

```python
# imageflow.py
importeryaml
importer toi
importerjournalisation
depuisprocesseurs.téléchargeurimportertélécharger_tout
depuisprocesseurs.redimensionneurimporterimages_de_traitem
ent
depuisdate et heureimporterdate et heure

logging.basicConfig(
    niveau=enregistrement.INFO,
format='%(asctime)s-%(nom_de_niveau)s-%(message)s',
gestionnaires=[
logging.FileHandler("logs/imageflow.log"),
```

```
logging.StreamHandler()
]
)

defcharger_config(chemin="config.yaml"):
   avec ouvrir(chemin) commef:
      retouryaml.safe_load(f)

def principal():
heure_début=datetime.now()
configuration=charger_config()

os.makedirs(config['répertoire_de_sortie'],existe_ok=Vrai)
os.makedirs("bûches", existe_ok=Vrai)

logging.info("Démarrage d'ImageFlow")

Étape 1 : Télécharger
résultats_de_téléchargement=télécharger_tout(
config['urls_entrée'],
config['répertoire_de_sortie'],
max_travailleurs=config['max_downloads']
)

# Étape 2 : Processus
résultats_processus=traiter_images(
résultats_de_téléchargement,
config['répertoire_de_sortie'],
tuple(config['taille_cible']),
config['format'],
config['filigrane'],
max_travailleurs=config['max_resizes']
)

Étape 3 : Rapport
   total =seulement(config['urls_entrée'])
téléchargé= somme(1 pour _, statut
dansrésultats_de_téléchargementsi statut =="TÉLÉCHARGÉ")
traité= somme(1 pour _, statut dansrésultats_processussi statut
=="TRAITÉ")
```

```
    rapport =f"""
Rapport ImageFlow
-{heure_début.strftime('%Y-%m-%d%H:%M:%S')}
==================================================
=
Nombre total d'URL :{total}
Téléchargé :{téléchargé}
Traité :{traité}
Échoué:     {total -traité}
Durée:   {(datetime.now()-heure_début).total_secondes():.2f}s
Sortir:     {os.path.abspath(config['répertoire_de_sortie'])}
"""
    imprimer(rapport)
    avec ouvrir("output/report.txt", "Dans")commef:
f.écrire(rapport)

logging.info("ImageFlow terminé")

si __nom__ == "__principal__":
    principal()
```

Exécutez-le

```
frapper
# Générer une configuration avec 100 URL
python-c"
importer yaml, aléatoire
urls =
[f'https://picsum.photos/{random.randint(800,1200)}/{random.ra
ndint(600,900)}' for _ in range(100)]
yaml.dump({'input_urls': urls, 'max_downloads': 20,
'max_resizes': 4, 'target_size': [800,600], 'format': 'JPEG',
'watermark': '© 2025', 'output_dir': 'output'},
open('config.yaml','w'))
"

pythonimageflow.py
```

Sortir:

texte
```
2025-04-05 10:00:01,234 - INFO - Démarrage d'ImageFlow
Téléchargement : 100 %|██████████| 100/100
[00:12<00:00, 8,1 it/s]
Traitement : 100 %|██████████| 95/95 [00:08<00:00,
11,2 it/s]

Rapport ImageFlow - 05/04/2025 10:00:01
==================================================
=
Nombre total d'URL : 100
Téléchargés : 95
Traités : 95
Échec : 5
Durée : 21,45 s
Sortie : /chemin/vers/sortie
```

Exercice pratique : Refactoriser un script séquentiel en une version concurrente de qualité production

Version séquentielle (sequential.py)

python
```
# séquentiel.py
importerdemandes
depuisPIL importer Image
importer temps

def processus(URL):
resp=requêtes.get(url)
image=Image.open(BytesIO(resp.content))
image=img.redimensionner((800, 600))
img.sauvegarder(f"dehors/{url.split('/')[-1]}.jpg")
```

```
URL=[f"https://picsum.photos/1200/900?{je}" pour je dans
gamme(50)]
pourURLdansURL :
processus(url)
```

Temps:~85 secondes

Version concurrente (concurrent.py)

python

```
# concurrent.py
depuisconcurrent.futuresimporterThreadPoolExecutor,
ProcessPoolExecutor, as_completed
importerdemandes
depuisPIL importer Image
depuisceimporterBytesIO
importer toi
depuistqdmimportertqdm

def télécharger(URL):
   essayer:
resp=requêtes.get(url,temps mort=10)
resp.raise_for_status()
      retourURL, resp.contenu
   sauf:
      retourURL,Aucun

defredimensionner(arguments):
URL, données=arguments
   sinon données:
      retourURL,"ÉCHOUÉ"
   essayer:
image=Image.open(BytesIO(données)).resize((800, 600))
      nom de fichier =f"dehors/{url.split('/')[-1].diviser('?')[0]}.jpg"
img.save(nom_de_fichier)
      retourURL,"D'ACCORD"
   sauf:
```

```
        retourURL,"ERREUR"

def principal():
os.makedirs("dehors", existe_ok=Vrai)
URL=[f"https://picsum.photos/1200/900?{je}" pour je dans
gamme(50)]

# Téléchargement par thread
    avecThreadPoolExecutor(max_travailleurs=20)commeville:
télécharger_futures=[tp.submit(téléchargement,
url)pourURLdansURL]
téléchargé=[f.résultat()pourfdansas_completed(download_futur
es)]

# Redimensionnement multiprocessus
    avecProcessPoolExecutor()commepp:
redimensionner_futures=[pp.submit(resize, item)pour article
dans[téléchargé]
        résultats =[]

pourfdanstqdm(as_completed(resize_futures),total=seulement(
urls) :
résultats.append(f.result())

    succès = somme(1 pour _, statut dans résultats si statut ==
"D'ACCORD")
    imprimer(f"Succès: {succès}/50")

si __nom__ == "__principal__":
    importer temps
    commencer =temps.temps()
    principal()
    imprimer(f"Temps: {temps.temps()-commencer:.2f}s")
```

Temps:~18 secondes →**Accélération de 4,7x**

Erreurs courantes à éviter

Erreur	Réparer
Aucune configuration requise	Utilisez yaml ou argparse
Chemins codés en dur	Utiliser le chemin
Aucune journalisation	Toujours enregistrer dans un fichier
Aucune erreur, nouvelle tentative	Ajouter une logique de nouvelle tentative
Blocage du thread principal	Utilisez as_completed()

Résumé : Points clés à retenir

1. **Outils de haut niveau**→ moins de bugs
2. **Aucun état partagé**→ pas de courses
3. **Délais d'attente et journalisation**→ résilience
4. **Flask/Django + workers**→ échelle web
5. **AsyncIO**→ avenir des E/S
6. **Projet de fin d'études**= pipeline complet
7. **Refactor**= 5 fois plus rapide avec structure

Exercices pratiques

Exercice 1 : Ajouter une fonction de nouvelle tentative au téléchargeur

- Réessayer 3 fois avec un délai exponentiel.
- Journalisation des échecs

Exercice 2 : Tableau de bord Web

- Application Flask affichant la progression
- Utilisez threading.Event + polling

Défi : Flux d'images distribué

- Utiliser **Céleri+Redis**
- Interface Web pour télécharger des URL
- Afficher les résultats dans le navigateur

Vous maîtrisez la concurrence en Python.

Des threads aux processus, du débogage au déploiement, vous pouvez désormais construire.**rapide, sûr, évolutif**systèmes.

Allez construire quelque chose d'extraordinaire.

www.ingramcontent.com/pod-product-compliance
Lightning Source LLC
LaVergne TN
LVHW082231051026
849532LV00012B/3946